4차 산업혁명 시대의
광고기획 솔루션

4차 산업혁명 시대의
광고기획 솔루션

유종숙 지음

한울
아카데미

시작하며

4차 산업혁명 시대는 초연결, 초융합, 초지능적 사회로 묘사된다. 정보통신기술의 발전으로 광고산업의 경계가 없어지고 있으며 '미디어가 곧 메시지다'라는 말이 나올 정도다. 과거 마케팅과 광고에서 자주 활용되던 IMC Integrated Marketing Communication 전략 대신에 최근에는 브랜디드 콘텐츠 마케팅 Branded Contents Marketing 이라는 용어가 많이 사용되고 있다. 광고 캠페인 전략을 수립할 때도 이제는 ICMC Integrated Contents Marketing Communication 전략 차원에서 다양한 문화적 요소와 광고 콘텐츠를 융합하여 콘텐츠 안에 브랜드의 메시지를 녹이는 노력이 중요하게 되었다. 소비자가 브랜드와 콘텐츠를 동일시하기 때문이다.

예를 들어 존슨앤존슨은 자녀양육 사이트인 베이비센터 Baby Center 를 개설하여 소비자의 필요를 충족시키고자 노력하고 있다. 베이비센터는 아이들에게 유익한 것이라면 자사 제품뿐만 아니라 타 회사 제품과 정보도 함께 소개한다. 자녀를 키우는 부모들의 입소문을 통해 고객들이 자주 찾는 플랫폼이 되기 위해서다.

나아가 SNS, MCN 등 소비자 의견을 공유할 수 있는 채널이 많아지면서 이제 소비자는 오디언스를 넘어 미디언스 Mediance 의 역할을 수행하고 있다. 각 개인이 미디어의 역할을 하는 시대이기에 기업은 각 개인 한 사람 한 사람을 만족시켜야 한다. 이에 따라 광고회사의 역할도 다양화되고 있다. 필자는 4차 산업혁명이 촉발시킨 광고환경의 변화를 점검하고, 광고 캠페인 기획을 할 때 어떤 과정을 거쳐야 하는지, 광고기획서는 어떻게 기술해야 하는지 등을 미디어의 변화에 부응하는 최신의 사례와 함께 기술하고자 노력했다.

1장에서는 4차 산업혁명 시대 광고 환경이 어떻게 변화하고 있는지를 담았다. 급격한 환경 변화 속에서 광고회사들은 조직운영과 업무범위를 새롭게 정립하기 위해 많은 고민을 하고 있다. 전통적 방식으로는 더 이상 살아남기 어렵기 때문이다. 최신 데이터와 자료를 통해 변화된 광고시장을 이해할 수 있도록 하였다.

2장은 광고기획을 본격적으로 이야기하기에 앞서 기획에 대한 개념을 쉽고 명확하게 전달하고자 특별히 구성하였다. 광고가 아니더라도 기획은 우리 일상과 밀접하게 연결되어 있다. 필자는 대학에서 학생들과 상담을 한다거나 문자나 이메일을 주고받는 기회가 많이 있다. 어떤 학생은 자신의 의견을 명확하게 전달하여 원하는 바를 얻는가 하면 어떤 학생은 불명확한 의사표현으로 인해 결국 원하는 바를 얻지 못하는 경우를 자주 보게 된다. 이것이 바로 기획력의 차이이다. 일상의 모든 커뮤니케이션이 기획을 필요로 하기에 2장은 광고기획자뿐만 아니라 일반 독자 모두에게 도움이 될 수 있을 것이다.

　　3장과 4장은 광고 캠페인 기획의 핵심적인 부분이다. 시대가 변해도 광고 캠페인을 기획할 때 먼저 상황을 분석하고, 타겟을 설정하여, 타겟의 마음을 사로잡을 수 있는 콘셉트를 도출하는 기본적인 과정은 변함없이 중요하다. 3장은 환경분석, 소비자분석, 제품분석, 경쟁분석을 통해 상황을 분석하고 이를 정리하는 방법을 담고 있다. 이러한 분석의 과정은 좋은 콘셉트를 도출하는 밑거름이 된다. 또한 제품의 차별화가 어려운 시대에는 소비자의 속마음 즉 '소비자 인사이트'를 찾아내야 하고 이를 위해서는 예리한 분석력이 필수적이다. 3장에서는 독자들의 분석력 향상에 도움이 될 수 있는 이론과 다양한 사례를 담았다.

　　4장은 상황분석을 토대로 광고전략을 수립하는 과정을 담고 있다. 광고 캠페인 기획에서 가장 중요한 '광고콘셉트'을 도출하는 방법을 제대로 익힐 수 있도록 구성하였다. 또한 광고회사에서 많이 활용하는 '광고 브리프'에 대한 이해를 높이고자 실제 현업에서 활용된 '광고 브리프' 사례를 소개하였다. A4 1~2장 안에 상황분석부터 콘셉트까지 기획의 전반적인 내용을 담아야 하는 '광고 브리프' 작성은 광고기획자에게 매우 중요한 업무 능력인 만큼 레퍼런스가 될 수 있는 좋은 브리프 사례를 발굴하고자 노력했다.

책의 전반부가 광고기획에 대한 기초 능력을 향상시키기 위해 준비되었다면, 5장~7장은 독자의 기획력을 강화시키고 광고와 관련된 지식을 더욱 풍성하게 해 줄 것이다. 5장 '광고기획의 강화'는 IMC캠페인, 기업PR광고, 디지털캠페인으로 세분화된 캠페인의 기획력을 향상시킬 수 있는 이론과 사례를 담았다. 4차 산업혁명 시대 개인화된 메시지를 전달하는 방법, 기업PR의 새로운 관점인 CSV Creating Shared Value , 일방적인 강요 대신 자연스럽게 소비자 행동을 변화시키는 넛지 Nudge 전략 등을 소개하였다.

6장은 크리에이티브 전략으로 크리에이티브 발상법뿐만 아니라 매체별 크리에이티브에서 고려해야 할 사항들을 담았다. 매체마다 특성이 다르기 때문에 광고 효과를 높이기 위해서는 매체를 제대로 이해해야 한다.

7장 광고매체전략은 광고 기획자가 필수적으로 알아야 할 매체전략의 기본 개념에 중점을 두었다. 구체적인 매체전략 수립은 미디어 플래너의 업무이지만, 광고기획자가 미디어 플래너에게 업무를 요청하고 광고주와 매체전략에 관한 커뮤니케이션을 하기 위해서는 기본개념을 명확하게 이해할 필요가 있다.

마지막 8장에는 성공 광고 캠페인 사례를 실었다. 2017년 SK이노베이션의 캠페인사례와 GS칼텍스의 '마음이음 연결음' 캠페인은 독자들에게 많은 영감을 줄 것이다. SK이노베이션은 아티스트를 활용한 아트버타이징 Artvertising 광고로 기업PR광고의 성공사례로 인정받고 있다. 대학생 심사위원단이 직접 뽑은 광고라는 점이 특히 필자의 마음을 사로잡았다. GS칼텍스 '마음이음 연결음' 캠페인은 2017 대한민국 광고대상 5관왕, 2018 뉴욕페스티벌 은상을 수상한 성공 캠페인이자 디지털 캠페인에 대한 주옥같은 사례이다. 이들 기획서를 통해 앞에서 학습한 광고기획 과정을 다시 한 번 음미해 볼 수 있을 것으로 기대한다.

● ● ●

한 권의 책을 세상에 내놓는다는 것은 참 어려운 일입니다. 독자에게 진정으로 필요한 것은 무엇인지, 어떻게 설명해야 쉽게 이해될 수 있을지 수없이 고민하며 집필했습니다. 필자가 광고업계에서 대학으로 자리를 옮긴 후 처음 내놓았던 '광고기획의 기술'로 수업을 들었던 한 제자가 광고회사에 취직한 이래 지금까지 어려울 때마다 그 책에서 도움을 받고 있다는 이야기를 했습니다. 저의 노력이 누군가에게 도움이 되었음에 감사했고 기뻤습니다. 이 책 또한 광고기획자를 지망하는 학생이나 광고업계에 종사하시는 분들께 작은 도움이라도 되었으면 하는 바램입니다.

　　책이 나오기까지 도움을 주신 분들께 감사의 마음을 전하며 글을 맺고자 합니다. 먼저 연구실에서 자료수집 및 정리 등 노력을 아끼지 않았던 조교 이지은양과 하지영 박사과정생, 변화하는 광고현장의 모습을 생생하게 들려주고 자료수집과 정리를 헌신적으로 도와 준 광고인 제자 이명진 국장, 광고회사의 최근 역할 변화를 알 수 있도록 회사의 조직도를 선뜻 내주시고 GS칼텍스의 '마음이음 연결음' 캠페인 사례를 정리해주신 애드쿠아 전훈철 대표님, SK이노베이션의 기업PR광고 캠페인 사례를 내어 주신 대홍기획의 박선미 상무님, 편집 및 교정을 맡아 주신 한울엠플러스의 여러분께 고개 숙여 감사의 마음을 전합니다.

2018년 8월 12일
청파언덕에서 유종숙

차례

4장. 광고기획의 실제 II _광고전략 수립

5장. 광고기획의 강화

6장. 크리에이티브 전략

1장
광고환경의 변화와 광고기획

4차 산업혁명 시대, 광고환경은 많은 변화를 겪고 있다. 몇 년 전까지만 하더라도 광고 4대 매체로 불리던 TV · 라디오 · 신문 · 잡지의 영향력은 점점 약화되고, 디지털 매체는 급속도로 성장하고 있다. 기업들은 디지털 기기를 매체 노출 수단으로 활용하는 것을 넘어 AR, VR 등 첨단기술을 활용하여 메시지 전달효과를 높인다. 소비자들은 정보의 홍수 속에서 자신에게 필요한 정보만을 선별하여 수용한다.

이러한 환경변화 속에서 광고회사의 업무 또한 변화하고 있다. 최근 광고회사는 4대 매체 중심의 광고를 만들고 매체를 운영하던 방식에서 벗어나 통합 마케팅 솔루션을 제공하고 다양한 콘텐츠를 생산한다. 광고란, 소비자가 있는 최상의 점을 찾아 가장 효과적인 방식으로 메시지를 전달하는 것이기에 환경 변화 속에서 광고의 개념 또한 변화할 수밖에 없다.

훌륭한 광고기획자가 되기 위해서는 환경의 변화에 민감해야 한다. 1장의 내용을 통해 최근 광고시장이 어떻게 변화하고 있는지 알아보고 변화에 앞서 나갈 수 있는 기획자가 되도록 하자.

01.
4차 산업혁명과
광고환경변화

2016년 1월 스위스 다보스에서 개최된 '세계경제포럼'[1]의 핵심 화두는 '4차 산업혁명'이었다. 세계경제포럼은 "4차 산업혁명의 막이 올랐다"고 밝혔고 4차 산업혁명의 특징으로 디지털, 바이오 등 개별 기술들 사이의 융합을 제시했다. 4차 산업혁명 시대에는 인공지능이나 3D 프린팅, 자율주행 자동차 등 다양한 기술들이 서로 연결되어, 더욱 지능적인 사회가 도래한다는 것이다.

3차 산업혁명이 정보통신기술의 발달을 통해 정보의 혁명, 생산의 자동화를 실현했다면 4차 산업혁명 시대에는 사물 인터넷 IoT: Internet of Things, 빅데이터 Big Data, 인공지능 AI: Artificial Intelligence, 증강현실 AR: Augmented Reality, 가상현실 VR: Virtual Reality 등의 고도화된 지능정보기술을 기반으로 하여, 기존 산업 및 서비스뿐 아니라 로봇공학, 생명공학 등 다양한 분야의 신기술이 결합해 모든 제품과 서비스에서 완전한 디지털화, 인공지능화가 나타나게 된다.

▌ 산업혁명의 구분과 특징

구분	혁신 기술	생산 체계	사회 구조	주요 연결(커뮤니케이션) 방식
1차 산업혁명	증기	기계식 생산	생산성	인쇄물 등
2차 산업혁명	전기	대량생산	표준화, 분업	전화, TV, 영화 등
3차 산업혁명	디지털	다종소량생산	정보화, 부분자동화	인터넷, SNS 등
4차 산업혁명	융합	개인화·파편화된 생산	자동화	빅데이터, AI, IoT에 기반한 초연결

자료: KOCCA(한국콘텐츠진흥원), 「인간, 콘텐츠 그리고 4차 산업혁명: 변화와 대응」, 《코카포커스》 17-03호, 2017년

---

1 세계경제포럼 WEF: World Economic Forum : 저명한 기업인·경제학자·저널리스트·정치인 등이 모여 세계 경제에 대해 토론하고 연구하는 국제민간회의. 1981년부터 매년 1~2월 스위스의 고급 휴양지인 다보스에서 회의를 개최하기 때문에 '다보스포럼 Davos Forum'이라고도 한다.

구분	매체	광고비(단위: 억)		성장률(단위: %)		구성비(단위: %)	
		2017년	2018년(F)	2017년	2018년(F)	2017년	2018년(F)
방송	지상파 TV	15,223	15,965	-12.1	4.9	13.7	13.8
	라디오	2,785	2,850	-8.4	2.3	2.5	2.5
	케이블/종편	18,376	18,956	5.2	3.2	16.5	16.3
	IP TV	915	1,029	8.2	12.5	0.8	0.9
	기타(위성, DMB 등)	2,004	2,062	10.5	2.9	1.8	1.8
	방송 계	39,303	40,862	-2.9	4.0	35.3	35.2
인쇄	신문	14,056	13,850	-4.5	-1.5	12.6	11.9
	잡지	3,438	3,400	-9.1	-1.1	3.1	2.9
	인쇄 계	17,494	17,250	-5.4	-1.4	15.7	14.9
디지털	PC	16,245	16,600	-0.8	2.2	14.6	14.3
	모바일	22,157	24,710	27.0	11.5	19.9	21.3
	디지털 계	38,402	41,310	13.5	7.6	34.5	35.6
OOH	옥외	3,392	3,400	-3.4	0.2	3.0	2.9
	극장	2,280	2,400	1.3	5.3	2.0	2.1
	교통	4,352	4,700	0.5	8.0	3.9	4.1
	OOH 계	10,024	10,500	-0.7	4.8	9.0	9.1
제작		60,072	6,080	-5.5	0.1	5.5	5.2
총계		111,295	116,002	1.8	4.2	100.0	100.0

자료: 제일기획, 「대한민국 총 광고비」, 2018년 2월

초연결 Hyperconnectivity 과 초지능 Superintelligence 을 특징으로 빠르고 폭넓게 변화하는 4차 산업혁명 환경 속에서, 광고환경도 빠르게 변화하고 있다. 최근 광고회사들은 타겟의 행동을 치밀하게 분석하여 광고전략을 수립하는 것부터 원하는 타겟에게 효율적으로 광고를 노출하는 매체 집행까지 더욱 정교화된 분석을 통해 광고의 효과를 높이고 있다. 또한 광고의 홍수 속에서 새로운 기술은 소비자들에게 이전과는 다른 경험을 제공하여 소비자의 마음을 사로잡는 수단이 되기도 한다.

4차 산업혁명 환경에서는 실질적인 빅데이터를 기반으로 소비자의 행동을 분석해 광고전략을 수립한다. 인공지능 기술을 활용한 광고 플랫폼도 지속적으로 생겨나고 있다. 광고 노출에 있어서도 나이·성별·지역·관심사·행동 패턴 등을 고려한 정교화되고 고도화된 타겟팅을 통해 광고 효율을 높인다. 또한 옥외광고는

▌ 전세계 매체별 광고비 비중 변화 및 광고비 증가액 (단위: %, 십억 달러)

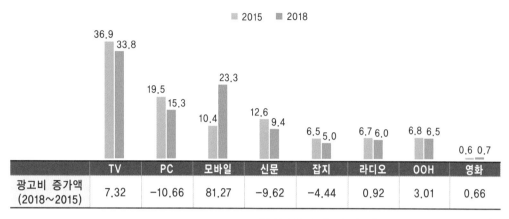

■ 2015 ■ 2018

광고비 증가액 (2018~2015)	TV	PC	모바일	신문	잡지	라디오	OOH	영화
	7.32	−10.66	81.27	−9.62	−4.44	0.92	3.01	0.66

자료: ZenithOptimedia, *Zenith Advertising Executive Forecasts*, 2016.9.

▌ TV vs. 디지털 광고비 추이 (단위: 억원)

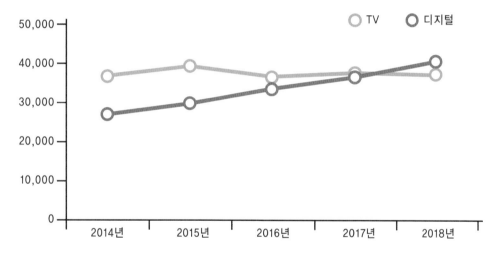

자료: 제일기획, 「대한민국 총 광고비」, 2018년 2월

이미지와 영상을 보여주던 매체에서 디지털 기술의 접목을 통해 새로운 경험을
제공하는 매체로 변화하고 있다.

이러한 환경 변화에 힘입어 디지털 광고시장은 성장세를 지속하고 있다.
특히 모바일 광고시장은 2016년 대비 2017년에는 27% 성장하여 디지털 광고시장의
성장을 견인하고 있다. 국내뿐 아니라 전 세계적으로도 모바일 광고 시장은 가장
주목받는 광고 시장이다. 앞으로도 모바일 광고비는 타 매체 대비 가장 크게
증가할 것으로 전망된다.

▌ 온라인 광고 플랫폼의 변화 (PC / 모바일)

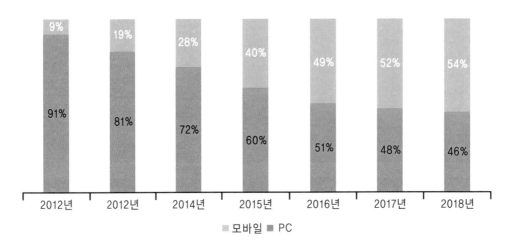

구분	2012년	2012년	2014년	2015년	2016년	2017년	2018년
모바일	9%	19%	28%	40%	49%	52%	54%
PC	91%	81%	72%	60%	51%	48%	46%

■ 모바일 ■ PC

자료: 한국온라인광고협회, 「2017 온라인광고 시장 분석 및 전망」

4차 산업혁명은 전 세계적으로 핵심이 되고 있는 화두이며, 다양한 산업 분야에서 이러한 시대적 변화와 기술의 발달에 따른 기회 발견에 총력을 기울이고 있다. 광고 산업 또한 빠르게 변화하는 환경 속에서 새로운 기회를 발견하고, 성장의 모멘텀으로 승화시키기 위한 노력을 하고 있다.

2016년 칸 국제광고제[2]에서 혁신 Innovation 부문 그랑프리상이 구글 딥마인드가 개발한 인공지능 알파고 AlphaGo 에게 돌아갔다. 알파고는 일전에 이세돌 9단과의 대국에서 4:1로 승리하며 AI의 새 지평을 열었다는 평가를 받았다. 칸 국제광고제 혁신 부문 심사위원장 에마드 타토우는 "우리는 몇 년 이내에 더 많은 기술의 변화를 보게 될 것이다. 알파고에 그랑프리를 수여하는 것은 미래를 향해 위대한 메시지를 보내는 것이라고 생각한다"는 심사 소감을 밝혔다. 광고인들의 축제인 칸 국제광고제에서 알파고가 그랑프리를 수상할 만큼 광고 산업은 거대한 변화에 직면해 있다. 이러한 환경 속에서 광고인이라면 4차 산업혁명 시대라는 변화의 흐름을 정확하게 읽고, 경쟁력을 높이기 위한 노력이 필요하다.

---

2 칸 국제광고제: 1953년 창설된 세계 3대 광고제 가운데 하나로 프랑스 남부 도시 칸 Cannes 에서 열린다. 클리오광고제 · 뉴욕페스티벌과 함께 대표적인 세계 광고제로 자리매김해 있다.

02.
뉴미디어
광고환경

　　'뉴미디어'는 1977년 2월 IFRA ^{INCA FIEZ Research Association} 의 심포지엄에서 처음으로 부각된 용어이다. 종래의 미디어가 '인쇄'였다면, 뉴미디어는 인쇄에 더하여 라디오·텔레비전 등 새로운 수단에 의한 정보 처리·배포·전달의 가능성 전체를 포함하여 정의된다. 전송 형태의 다양화와 함께 처리 기능의 고도화, 새로운 기계 인터페이스의 다양화, 기록 매체의 대용량화, 고밀도화, 고기능화에 힘입어 뉴미디어로 취급되는 범위는 더 넓어졌다. 현재 뉴미디어는 새로운 통신 기능을 부가한 망 서비스 기능, 새로운 단말 기능에 의한 응용 서비스 기능과 새로운 전송 능력을 갖춘 매체와 신호 처리 기술에 관한 모든 것을 포함하고 있다.[3]

　　이렇듯 미디어 환경의 변화는 뉴미디어에 대한 개념을 진화시키고 있다. 인터넷 시대가 도래한 후, 대표적 뉴미디어였던 온라인 배너광고는 더 이상 뉴미디어로 규정하기 어려울만큼 지금도 새로운 미디어가 시시각각 등장하고 있다.

▌ 뉴미디어의 발전

---

3 『컴퓨터인터넷IT용어대사전』(일진사)에서 변형·인용(2011. 1. 20.)

초창기 뉴미디어가 개별적 매체의 형태였다면, 현재 뉴미디어는 기존의 매체에 새로운 기술이 더해지는 형태로 나타나고 있다.

뉴미디어 광고환경은 4차 산업혁명으로 더욱 가속화될 전망이다. 첨단기술은 광고 효과를 높이는 데 기여하고 있다. 기존 미디어와 새로운 기술의 접목뿐 아니라 미디어 간 융합을 통한 시너지도 기대된다. 이러한 환경 속에서 디지털 중심으로 변화하는 뉴미디어 광고환경과 소비자의 미디어 소비 특성을 파악하는 것은 매우 중요하다.

1) 생활의 중심, 뉴미디어의 중심 스마트폰

▌스낵컬처 Snack Culture
과자를 먹듯 5~15분의 짧은 시간에 문화 콘텐츠를 소비한다는 뜻이다. 웹툰, 웹 소설과 웹 드라마가 대표적인 스낵컬처다. 시간과 장소에 구애받지 않고 즐길 수 있는 스낵처럼 출퇴근 시간이나 점심시간 등 짧은 시간에 간편하게 문화생활을 즐기는 라이프스타일 또는 문화 트렌드를 말한다.

우리는 스마트폰 알람에 의해 잠을 깨고, 스마트폰이 알려주는 하루 일정을 확인하고, 출근길에 스마트폰으로 뉴스를 검색하고, 스마트폰으로 SNS Social Network Service 를 확인하며 친구와 연락을 주고받는다. 점심을 먹은 후 휴식 시간에는 스마트폰으로 재미있는 동영상, 웹툰 등 스낵컬처를 소비하며 스트레스를 해소한다. 퇴근 후 친구와의 약속 장소로 가는 도중 스마트폰으로 해당 지역의 음식점 할인쿠폰이 날아와 친구와 그곳에서 저녁을 먹고, 집으로 가는 길에 좋아하는 TV프로그램을 스마트폰으로 시청한다.

위의 상황은 현대인이라면 누구나 공감할 만한 스마트폰과 함께하는 하루이다. 스마트폰은 전화 및 문자 기능을 넘어 다양한 정보를 얻고, 여가를 즐기는 수단으로 우리 생활과 가장 밀접한 존재가 되었다. 2016년 통계청이 발간한 한국인의 사회지표 조사 결과 한국인의 이동전화 가입자 수는 약 6,000만 명으로, 이는 우리나라 인구수를 뛰어넘는 수치이다. 이 중 4,640만 명이 스마트폰에 가입하였으며, 대한민국 국민의 90.6%는 스마트폰을 사용하고 있다.

█ 유무선통신 가입자 통계 (단위: 천명)

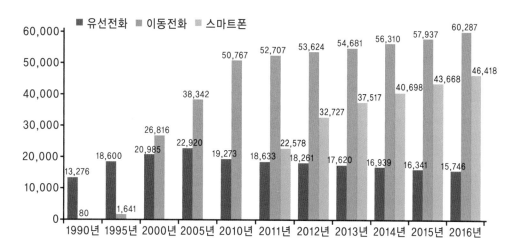

자료: 통계청, 《2016 한국의 사회지표》, 2017년 3월

█ 스마트폰을 통한 미디어 기능 이용 (단위: %)

	사례수	집에서	회사 및 학교에서	약속이 있을 때 사람들을 기다리면서	이동 중	모임에서 다른 사람들과 함께
TV 프로그램시청	[1,212]	60.4	20.7	30.5	28.7	1.6
라디오 청취	[316]	49.0	11.7	17.9	39.9	0.5
영화	[627]	68.9	15.0	26.3	13.7	1.5
신문/잡지 기사검색	[5,064]	70.9	32.8	41.8	27.7	4.6
음악 재생	[2,980]	56.1	20.1	34.8	42.4	3.2
게임	[2,138]	66.6	21.7	39.5	27.1	3.8
e-book	[413]	56.4	23.1	22.8	19.9	2.3
기타 동영상 재생	[3,135]	67.9	22.5	34.1	24.0	3.2

자료: 방송통신위원회, 「2017 방송매체 이용행태 조사」

스마트폰의 핵심기능은 전화가 아닌 모바일 인터넷 서비스에 있다. 이용자들은 언제 어디서나 스마트폰을 통해 뉴스를 검색하고 게임을 즐기고 SNS를 확인한다. 이렇듯 스마트폰은 통화, 문자뿐만 아니라 채팅/메신저, 정보 콘텐츠 활용, 게임 등 부가적인 서비스 이용을 위한 도구로 변화하고 있다.

■ 모바일 인터넷 이용 목적(좌) 및 코어 타겟(우)

자료: 나스미디어, ≪2017 NPR 보고서≫, 2017년

광고는 소비자와의 접점을 찾는 마케팅이다. 소비자가 있는 곳, 소비자 생활의 중심인 스마트폰은 광고의 주요 채널이 될 수밖에 없다. 스마트폰은 실시간 광고, 위치기반기술 등 다양한 기술을 활용한 광고가 가능하게 하며 끊임없는 혁신을 통해 새로운 기술을 선보임으로써 지속적으로 광고기술을 발전시킨다. 이것이 4차 산업혁명 시대에 스마트폰이 가장 중요한 미디어가 될 수밖에 없는 이유이다.

2) 하나의 콘텐츠를 다양한 스마트기기에서 이어서 즐기는 N스크린 시대

뉴미디어 광고환경은 매체전략의 수립 및 효과측정에 있어서도 과제를 던져 주고 있다. 지금까지 시청률은 TV를 통해 방송 프로그램을 시청하고, 광고를 시청한 사람들의 수를 계산해왔다. 예를 들어 주말드라마 A프로그램의 시청률은 TV에 설치된 시청률 측정기인 피플미터 People Meter 를 통해 해당 날짜의 가구, 연령, 성별로 측정할 수 있다. 또 이렇게 측정된 TV 시청률에 의해 프로그램의 가치가 결정되고 광고효과도 결정된다.

오직 TV로 프로그램을 시청하던 시대의 이야기이다. 하지만 지금은 어떠한

▋ N 스크린 흐름도

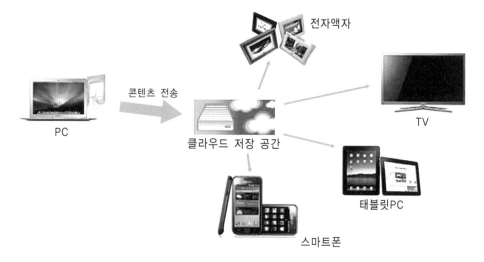

자료: 강일용, ≪IT동아≫, 2015년 9월 23일

가? 프로그램을 TV로만 시청하던 시대는 끝났다. 집에서 드라마를 시청하다 외출을 해야 하는 경우 스마트폰이나 태블릿PC를 활용해 이미 보았던 앞부분에 이어서 드라마를 즐길 수 있다. 고정된 미디어가 아닌 나를 중심으로 이동하는 멀티미디어 시대, 하나의 콘텐츠를 다양한 기기에서 연속적으로 즐기는 시대가 된 것이다.

N스크린에서 'N'은 여러 개의 콘텐츠를 시청할 수 있는 여러 개(N개)의 기기를 의미한다. '스마트폰 - PC - TV'의 세 기기를 연결한다는 의미의 3스크린에서 시작된 이 개념은 태블릿, 빔프로젝터 등 더 많은 다양한 디지털 기기를 활용할 수 있게 되자 N스크린으로 개념이 확장되었다.

N스크린의 가장 큰 장점은 '끊김 없이 이어서 보는 것'이 가능하다는 점이다. 이것은 콘텐츠가 단말기에 저장되어 있는 것이 아니라 클라우딩 시스템 Clouding System 을 기반으로 하기 때문에 가능하다. 각 단말기는 콘텐츠의 재생과 종료 시점을 자동으로 인식하고, 사용자는 각 기기에서 별도의 다운로드 없이 콘텐츠를 이어서 즐길 수 있다.

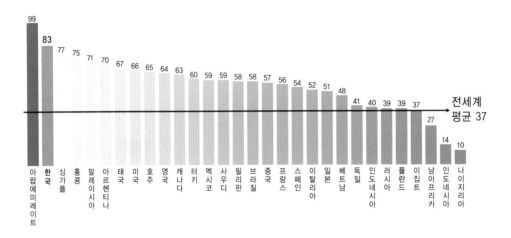

■ 전 세계 국가별 소셜미디어 이용률 (단위: %)

전세계 평균 37

99 아랍에미레이트 / 83 한국 / 77 싱가폴 / 75 홍콩 / 71 말레이시아 / 70 아르헨티나 / 67 태국 / 66 미국 / 65 호주 / 64 영국 / 63 캐나다 / 60 터키 / 59 멕시코 / 59 사우디 / 58 필리핀 / 58 브라질 / 57 중국 / 56 프랑스 / 54 스페인 / 52 이탈리아 / 51 일본 / 48 베트남 / 41 독일 / 40 인도네시아 / 39 러시아 / 39 폴란드 / 37 이집트 / 27 남아프리카 / 14 인도네시아 / 10 나이지리아

자료: We Are Social, *Digital In 2017*, 2017.1.

■ 성별/연령대별 소셜미디어 이용 이유 (단위: %, 복수응답)

		친구, 지인과 연락, 교류	뉴스, 이슈 등의 정보 획득	취미, 관심사 공유	가족, 친척과 연락, 교류	사진, 동영상 공유	일상 기록	기업, 브랜드 정보 획득	유명인의 게시물 열람, 교류	기업, 브랜드 프로모션, 이벤트, 할인 혜택 획득	외부 전문가와 연락, 교류	내 자신을 홍보, 표현	새로운 사람을 사귀기 위해
전체		56.5	37.8	23.2	15.7	15.1	14.6	10.5	7.8	5.9	4.7	4.2	3
성별	남성	58	44	23.2	12.4	12.6	9.2	13	7.1	5.1	5.7	5.1	3.9
	여성	55	31.4	23.2	19.1	17.7	20.2	7.9	8.6	6.7	3.7	3.3	2
연령대	20대	45	37.6	23.9	3.7	20.2	17.9	9.2	17.9	6.9	4.1	6.4	6.4
	30대	47.6	44.8	19.4	9.9	14.7	19.8	20.2	4.8	4.4	5.2	5.6	1.6
	40대	65.4	36.7	23.1	17.5	13.6	13.3	5.6	5.9	8	4.2	2.8	3.5
	50대	65.6	32	26.6	30.3	12.7	7.8	7.4	4.1	4.1	5.3	2.5	0.8

자료: DMC미디어, 「2017 소셜미디어 이용 행태 및 광고 접촉 태도 분석 보고서」

3) 공유와 소통이 강화된 SNS 시대

우리나라의 소셜미디어 Social Media 이용률은 83%로 아랍에미레이트(99%)에 이어 세계에서 두 번째로 높은 이용률을 보이고 있으며, 이것은 전 세계 평균 이용률(37%)의 약 2.2배에 달하는 수치이다. 2017년 기준, 우리나라 국민의 일

▌ 소셜미디어 이용 시간 (단위: %, 분)

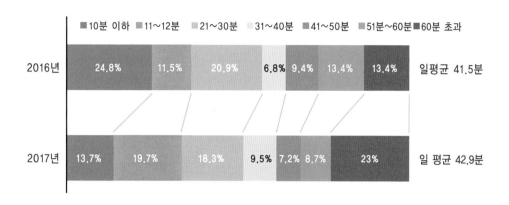

■10분 이하 ■11~12분 ■21~30분 ■31~40분 ■41~50분 ■51분~60분 ■60분 초과

2016년	24.8%	11.5%	20.9%	6.8%	9.4%	13.4%	13.4%	일평균 41.5분
2017년	13.7%	19.7%	18.3%	9.5%	7.2%	8.7%	23%	일 평균 42.9분

자료: DMC미디어, 《2017 소셜미디어 이용 행태 및 광고 접촉 태도 분석 보고서》

소셜미디어 이용시간은 평균 42.9분으로 전년 대비 소폭 상승하였다. 60분 초과 이용 비중은 9.6% 증가, 10분 이하는 11.1% 감소하여 소셜미디어를 이전보다 장시간 이용하는 추세임을 알 수 있다.

이렇듯 소셜미디어는 현대인에게 없어서는 안 되는 중요한 수단으로 자리매김하고 있다. 현대인은 친구, 지인과 연락하는 소통의 수단뿐만 아니라 뉴스, 지식 등 정보의 획득과 취미와 관심사 공유 등 다양한 목적을 위해 소셜미디어를 이용한다. 한마디로 일상의 모든 것을 소셜미디어로 해결하고 공유하는 시대가 되었다.

소셜미디어는 기업의 주요한 커뮤니케이션 채널이 되었다. 기업의 긍정적인 뉴스를 실시간으로 공유하고 고객과 직접 소통하는 등 전통적 매체환경에서는 불가능했던 일들이 소셜미디어를 통해 가능해졌다. 물론 부정적 이슈 또한 실시간으로 공유·확산되기도 한다. 이러한 배경 속에서 기업은 주요 커뮤니케이션 채널로써 소셜미디어를 이해하고 활용하기 위한 노력이 필요하다.

4) 개인화된 마케팅을 가능하게 하는 빅데이터와 인공지능

빅데이터와 인공지능은 이미 우리 일상 속에서 쉽게 발견할 수 있다. 빅데이터 기반 인공지능 상품으로 고객에게 맞는 금융상품을 추천해주고, 문장 전체를

크리스마스엔, 어서옥션

2017 옥션 크리스마스 캠페인 아이템은 옥션 쇼핑 빅데이터와 facebook IQ의 타겟 인사이트를 분석해 적용했습니다.

▌ 옥션 〈2017 크리스마스 시즌 고객맞춤형 캠페인〉

옥션은 쇼핑 데이터와 페이스북 Facebook IQ의 타겟 인사이트 분석을 접목시킨 고객 맞춤형 캠페인으로 총 23개의 영상을 제작했다. 옥션은 쇼핑 빅데이터를 통해 연령별, 성별로 가장 선호하는 크리스마스 선물을 추출하고 페이스북에서도 가장 많이 언급된 키워드를 알아낸 후 고객에게 최적화된 캠페인 영상을 노출했다.

맥락에 맞게 번역해주는 번역 서비스를 제공하는 등 통신, 금융, 가전, 기타 다양한 분야에서 빅데이터와 인공지능 기술이 활용되고 있다.

빅데이터와 인공지능을 활용한 마케팅의 가장 큰 장점은 '개인화가 가능하다는 것이다. 광고의 홍수 속에서 기업의 메시지에 관심이 있는 타겟을 선별하여 광고 메시지를 전달하는 것이 갈수록 중요해지고 있다. 빅데이터와 인공지능 기술은 사용자의 연령, 거주지, 관심사, 행동 등을 분석하여 광고에 반응할 것으로 예상되는 타겟에게 광고를 노출할 뿐 아니라 고객마다 차별화된 메시지를 노출시킬 수 있다.

5) AR, VR 등 첨단기술의 발달

2016년 전 세계적으로 인기를 끌었던 '포켓몬고 Pokémon GO'의 성공비결은 무엇일까? 귀여운 캐릭터, 캐릭터를 수집하는 재미 등 다양한 이유가 있지만 가장 큰 성공비결은 증강현실 AR: Augmented Reality 이라는 새로운 기술이 주는 차별화된 즐거움에 있을 것이다. 증강현실은 현실의 이미지나 배경에 3차원 가상 이미지를 겹쳐서 하나의 영상으로 보여주는 기술로, 현실세계 위에 가상의 어떤 물체가 결합되어 나타나는 재미를 느낄 수 있게 한다.

▌ 이케아 플레이스
AR앱을 활용하여 우리집에 어울리는 가구를 고를 수 있다.

▌맥도날드 스웨덴 해피고글Happy Goggles 캠페인

맥도날드는 햄버거 상자를 조립하여 스마트폰을 넣으면 VR 스키게임을 즐길 수 있는 특별한 '해피고글' 해피밀을 출시. 스웨덴의 어린이들이 스키를 타는 스포츠 휴가 기간 한정 판매.

▌불스원 AR광고 (2017 대한민국 OOH 광고대상 대상, 이노션)

옥외 전광판에 날씨 정보에 따라 실시간으로 AR 콘텐츠 생성. 예를 들어 비 오는 날에는 옥외매체가 위치한 강남역 사거리의 실시간 도로상황을 보여주면서 비가 내리는 화면을 불스원와이퍼가 닦는 모습 노출.

반면 가상현실VR: Virtual Reality 은 컴퓨터 등을 사용하여 인공적으로 만들어낸, 실제와 유사하지만 실제가 아닌 어떤 특정한 환경이나 상황 혹은 그 기술 자체를 의미한다. 이때, 만들어진 가상의(상상의) 환경이나 상황 등은 사용자의 오감을 자극하며 실제와 유사한 공간적, 시간적 체험을 하게 함으로써 현실과 상상의 경계를 자유롭게 넘나들게 한다.

이러한 증강현실AR 과 가상현실VR 은 중요한 마케팅 수단이 되고 있다. 이케아IKEA 코리아는 AR앱 '이케아 플레이스'를 통해 가상으로 가구를 배치할 수 있는 편리함을 제공한다. 소비자는 앱을 통해 실제 우리 집 환경에 소파, 침대, 식탁, 의자 등을 가상으로 배치해보고 집과 어울리는 가구를 고를 수 있다. 맥도날드Mcdonalds 는 '해피고글Happy Goggles' 캠페인을 통해 VR헤드셋을 만들 수 있는 해피밀Happy Meals 을 판매하고 어린이들이 가상현실 속에서 스키를 즐길 수 있도록 했다.

소비자들에게 특별한 경험을 제공하는 것이 중요한 시대, 증강현실AR 과 가상현실VR 은 이전과는 다른 새로운 콘텐츠를 만들 수 있는 기회를 제공하며 광고시장에 새로운 바람을 불러일으키고 있다. 신문, 옥외 등 전통적인 매체가 뉴미디어 시대에 걸맞게 변화할 수 있는 기회도 이러한 기술에 있다.

03.
소비자 중심
광고환경

뉴미디어가 중심이 되는 환경으로의 변화는, 소비자 중심의 광고환경을 만들고 있다. 기업에 의해 정보가 통제되던 시대에는 기업은 보여주고 싶은 정보만 광고를 통해 소비자에게 전달했다. 소비자는 기업이 전달하는 정보를 중심으로 기업의 상품과 서비스를 선택했고, TV, 신문 등 전통적인 매체는 기업의 광고수단으로 충분했다. 하지만 현대사회는 기업의 정보통제가 불가능하다. 단 한 명의 소비자의 브랜드 경험이 뉴미디어를 통해 공유·확산되어 사회적 이슈가 되기도 한다.

또한 대기업을 중심으로 운영되던 광고시장은 뉴미디어의 확산으로 인해 소규모 기업에도 새로운 기회를 제공하고 있다. 전통적인 광고시장에서는 고가의 매체비로 인해 광고에 쉽게 접근할 수 없었지만, 디지털 환경은 저비용으로도 광고를 가능하게 만들었다. 최근에는 광고 전문가를 활용하지 않고 블로그, 페이스북, 인스타그램 등의 SNS를 통해 직접 광고하는 브랜드도 증가하고 있다.

기업의 상품 및 서비스를 선택하는 과정에서 소비자의 역할이 매우 중요해졌지만, 소비자는 정보의 홍수 속에서 극심한 광고 피로를 느끼고 있다. 이러한 환경 속에서 우리는 '어떻게 소비자의 공감과 공유를 이끌어낼 것인가?', '소비자에게 어떤 메시지를 전달하는 것이 효과적일까?' 등의 고민을 통해 소비자 중심의 광고환경을 이해하는 것이 중요하다.

1) 인사이드 아웃 Inside Out 에서 아웃사이드 인 Outside In 으로

과거 기업들은 고객의 목소리보다는 기업 내부 역량에 집중했다. 인사이드 아웃 관점에서 경쟁사 대비 우리 기업이 잘할 수 있는 것에 먼저 집중하여 매출을 올리고 시장점유율 Market Share 을 높이는 방법으로 성장했다. 하지만 이러한 성장은 지속되기 어렵다. 국경 없는 브랜드 전쟁 속에서 새로운 브랜드는 끊임없이 탄생하고 기술의 차별화는 점점 어려워지고 있다.

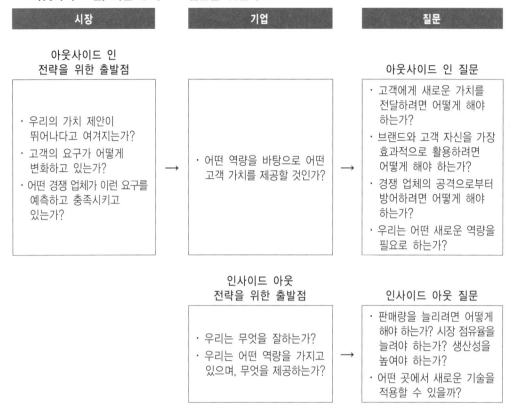

자료: 조지 데이, 크리스틴 무어맨(George S. Day and Christine Moorman), 『아웃사이드인 전략』, 김현정 옮김(와이즈베리, 2013년)

이러한 무한 경쟁 시대 속에서 기업이 살아남기 위해서는 아웃사이드 인 관점으로 변화해야 한다. 아웃사이드 인 관점은 기업의 상품과 서비스는 고객이 결정한다는 관점이다. 이제는 고객의 니즈Needs를 철저하게 파악하여 고객 중심의 상품과 서비스를 제공하는 기업만이 살아남는 시대가 되었다. 다시 말해, 기업이 잘하는 것을 파는 시대가 아니라 고객이 가장 필요로 하는 것, 가치 있게 여기는 것이 시장이 되고 상품이 되는 시대라 할 수 있다.

2) 정보의 전달에서 흥미와 관심으로 (덴츠 크로스위치 전략)

기업이 광고비를 늘려도 소비자는 광고를 보았는지 인식하지 못하는 경우가 많다. 정보 과잉 시대를 살고 있는 소비자들은 관심 있거나 필요한 정보는 적극적으로 수집하고 공유까지 하지만 그렇지 않은 대다수 정보는 무심히 흘려보내는 '정보 방어막'을 치고 있기 때문이다. 정보 방어막을 친 소비자들에게 기업이 이야기하고 싶은 메시지만 일방적으로 전달하는 것은 밑 빠진 독에 물을 붓는 것이나 마찬가지다.

일본의 광고회사 덴츠Dentsu 는 이를 해결하기 위해 소비자가 '정보의 방어막'을 깨고 나올 수 있도록 소비자 마음에 스위치를 켜는 크로스위치Crosswitch 전략을 제안한다. 소비자의 흥미와 관심을 불러일으킬 수 있는 스위치를 만들고 철저하게 계산된 시나리오에 따라 소비자 행동을 유발해야 한다는 것이다. 예를 들어 '검색하세요'라는 메시지보다는 '검색하지 마세요'라는 메시지가 흥미를 유발한다. 그리고 검색한 소비자에게는 예상치 못한 즐거움을 제공하여 소비자를 지속적으로 유인해야 한다는 것이다.

크로스위치 전략을 활용하든 다른 전략을 구사하든 핵심은 '소비자의 흥미와 관심 유발'에 있다. 광고에서 정보전달도 중요하지만 그 정보를 운반하는 방법은 철저하게 소비자의 흥미와 관심사를 반영해야 한다.

3) 오디언스에서 미디언스로

수많은 기업이 광고를 통한 브랜드 가치 상승효과를 높이기 위해 연간 수십억 원, 수백억 원의 광고비를 지출한다. 소비자가 정보를 얻는 창구가 제한적이던 시절 오디언스Audience 로서 소비자는 기업이 전달하는 메시지를 거부감 없이 받아들이고, 미디어 광고는 큰 효과를 발휘했다.

하지만 이제 기업의 경영환경은 과거와 다르다. 인터넷, SNS로 무장한 대중들은 듣는 청중의 역할뿐만 아니라 스스로 정보를 덧붙이고 재생산하는 과정을 거쳐, 무한대로 확산시키는 미디어로서의 역할을 수행한다. 한마디로 미디언스 Mediance(Media+Audience) 의 시대이다.

미디언스 시대에는 일방적인 광고만으로는 브랜드 가치를 높일 수 없다. 기업이 광고를 통해 수백억 원을 사용하여 아무리 좋은 이미지를 보여준다고 하더라도, 소비자의 부정적 경험이 확산되어 기업에 대한 신뢰도를 무너뜨리는 경우를 종종 볼 수 있다. 이제는 소비자를 미디언스로 바라보고, 다양한 접점에서 매체를 관리하듯 소비자를 관리해야만 한다.

4) 불특정 다수에서 개인 맞춤형으로

소비자들은 더 이상 불특정 다수의 한 사람이 되길 원하지 않는다. 소비자들은 개인으로서 나를 이해하고 소통하는 브랜드에 관심을 가지고 호의적인 반응을 보인다. 단 한 번의 특별한 브랜드 경험은 수십 번의 광고 메시지보다 강력하게 작용하기도 한다.

기업들은 '소비자 개인과 관계 맺기'에 힘쓰고 있다. 기업은 디지털 기술을 활용하여 개인 맞춤형 광고를 하고, SNS를 통해 끊임없이 소비자 개인과 소통한다. 기업의 이러한 노력은 앞서 살펴본 미디언스 시대의 소비자가 기업에 대해 긍정적 확산을 하도록 유도할 수 있다.

매스미디어에만 의존해 소비자와 특별한 관계를 맺는 것은 어렵다. 이제 우리는 정보전달 개념의 광고매체 집행이 아닌 소비자 개개인과 관계를 맺고 특별한 경험을 제공하는 통합 콘텐츠 마케팅 커뮤니케이션에 대한 고민이 필요하다.

04.
광고회사의
역할변화

　　광고환경이 뉴미디어와 소비자 중심 광고환경으로 변화함에 따라 광고회사의 역할에 대해서도 많은 고민과 변화가 잇따르고 있다. 과거처럼 TV, 신문 등 전통적 매체의 광고를 제작하고 매체 집행에 따른 매체 수수료에만 의존해서는 더 이상 성장이 어렵기 때문이다. 변화하는 환경 속에서 광고주가 광고회사에 기대하는 바도 다양한 소비자 접점에서 시너지를 발휘할 수 있는 통합 마케팅 솔루션, 빅데이터를 활용한 소비자의 니즈 발견, 브랜드를 홍보할 수 있는 새로운 콘텐츠 개발 등으로 점점 다변화·전문화되고 있다.

▌ **인하우스 에이전시** Inhouse Agency **조직도 (2018년)**

▐ 디지털 중심으로 성장한 독립광고대행사 조직도

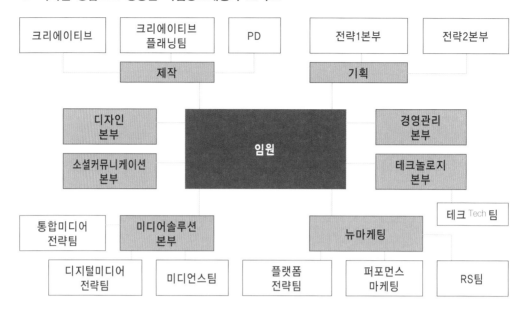

- 크리에이티브 플래닝(Creative Planning)팀: Creative Director(CD), Copywriter(CW), Producer(PD)
- 디자인본부: TV, 인쇄, 옥외, 배너, 앱 디자인 등 전방위적 디자인
- 플랫폼(Platform) 전략팀: 프로모션, 홈페이지, 앱 제작, 웹 제작 등 전방위적 솔루션
- 소셜커뮤니케이션본부: 소셜 캠페인, 소셜 업무 유지
- 퍼포먼스마케팅: 광고주의 세일즈를 개런티하고 실제 매출을 만들어 내는 부서, 세일즈 데이터 분석을 통하여 실제 매출이 일어날 수 있는 캠페인 진행
- RS(Revenue Share)팀: 광고주와 매출이나 지분을 나눔(예: 뷰티 크리에이터와 협업해 상품 개발)
- 통합미디어전략팀: ATL(Above the Line) 미디어팀
- 디지털미디어전략팀: 페이스북 등 디지털미디어팀
- 미디언스팀: 인플루언서(Influencer) 활용 플랫폼, 광고주에게 적당한 인플루언서를 소개, 전략을 조합하여 컨설팅 실시
- 테크놀로지(Technology)본부: IT를 활용한 광고 제작

    과거 종합광고대행사, 온라인광고대행사, 프로모션회사로 구분하는 개념도 점차 무너지고 있다. SNS 바이럴Viral용 영상이 15초 편집을 통해 TV광고로 만들어지기도 하고 프로모션 회사가 영상 콘텐츠를 만들기도 한다. 전통적 온라인 광고 서비스를 대행하던 온라인광고회사는 폭넓은 디지털 캠페인을 진행하는 회사로 변화하면서 성장하고 있다.

    광고회사의 변화는 내부 조직의 변화에서부터, 첨단 디지털 기술을 보유한 타 기업과의 제휴까지 광범위하게 나타나고 있다. 제일기획은 구글, 페이스북 등 디지털 플랫폼과의 협업을 통해, HSAD는 AI기술을 선도하는 중국 포털 바이두와의 제휴를 통해 디지털 역량을 강화하고 있다.

1) 통합 마케팅 솔루션 제공

뉴미디어와 소비자 중심으로 변화하는 광고환경 속에서 ICMC Integrated Contents Marketing Communication 는 선택이 아닌 필수이다. 마케팅 수단은 점점 다양해지고 있으며 광고회사는 모든 마케팅 접점을 통합적으로 관리하여 시너지를 낼 수 있는 서비스를 제공해야 한다.

과거 광고회사에 요구되던 통합 마케팅 솔루션은 광고 매체 중심이었다. 클라이언트가 집행하는 다양한 매체에서 일관된 메시지를 보여줄 수 있도록 광고를 기획하고 제작하는 것이 중요했다. 하지만 소비자와 만나는 모든 접점이 광고의 수단이 되는 뉴미디어 시대 광고회사의 통합 마케팅 솔루션은 소비자의 총체적 경험에 초점을 맞추어야 한다. 때로는 마케팅 수단의 통합적 관리를 넘어 기업의 경영 전 범위에 걸친 통합 마케팅 솔루션 제안도 필요하다.

통합 마케팅 솔루션 제공을 위해 대기업 인하우스 에이전시 In-house Agency 는 해당 업무를 수행할 수 있는 다양한 조직을 갖추고 있다. 다양한 부서가 긴밀하게 협조하면서 통합 마케팅 솔루션을 제공한다. 상대적으로 규모가 작은 독립광고대행사는 디지털, 프로모션 등 다양한 회사와의 협업을 통해 통합 마케팅 솔루션을 제공한다.

무엇보다 중요한 것은 광고인의 자세이다. 클라이언트의 브랜드를 깊게 고민하고, 마케팅 수단이 될 수 있는 모든 것에 관심을 두고, 통합 마케팅 솔루션을 도출할 수 있는 역량을 키워야 한다.

2) 빅데이터를 활용한 소비자 행동연구

광고에서 가장 중요한 것은 소비자이다. 그렇기 때문에 광고회사에서 소비자의 생각과 행동을 연구하는 것은 매우 중요하다. 광고회사는 광고전략 수립 전 소비자 조사를 실시하여 광고의 방향을 결정하고, 광고를 집행한 이후에는 광고효과조사를 통해 소비자 반응을 분석한다.

하지만 소비자 조사를 통해서도 발견되지 않는 소비자의 생각과 행동이 있다. 소비자는 조사라는 프레임 속에서 100% 솔직한 모습을 보여주지 않기도 하고, 심지어 본인의 생각과 자기 자신이 원하는 것을 알지 못할 때도 있다. 이러한 문제점을 해결할 수 있는 방법의 하나가 빅데이터 분석이다.

■ 베노플러스겔 광고

▶ 런칭초기 광고   ▶ 리포지셔닝 후 광고

　　　빅데이터는 소비자의 모든 행동 패턴을 데이터로 분석하기 때문에 보여주고
싶은 이미지가 아니라 가장 자연스럽고 사실적인 소비자의 모습을 보여준다.
빅데이터 속에는 소비자의 진심과 행동이 담겨 있다. 예를 들어, 유유제약 베노플러스겔이 '바르는 소염진통제'에서 '멍 빼는 약'으로 리포지셔닝하여 성공한 것도 멍에 대한 소비자 행동과 관련한 빅데이터 분석이 가능했기 때문이다.

유유제약 베노플러스겔은 아이들을 위한 소염진통제로 분류되어 판매되었으나 10여 년간 매출에 큰 변화가 일어나지 않았다. 그러나 유유제약은 26억 건의 빅데이터 분석을 통해 '멍 치료제'라는 새로운 시장기회를 포착하였다. 그리고 멍은 아이보다는 여성과 관련성이 높은 키워드라는 사실까지 발견했다. 유유제약은 타겟을 아이에서 여성으로 변경한 후 광고전략, 카피, 제품 디자인 등을 여성에게 맞추어 소구하였고, 그 결과 매출이 50% 이상 성장하였다.

3) 디지털 업무의 세분화 및 전문화

1990년대 PC통신이 발달하면서 인터넷을 하나의 광고매체로 인식하기 시작했다. 초창기 인터넷 광고는 신문·잡지처럼 인터넷을 광고매체로 사용하는 것에 불과했고 그 형태는 배너광고에 국한되었다. 이후 IT 기술의 발달과 함께 인터랙티브 배너interactive banner, 웹진, 동영상 광고, 키워드광고, 검색광고 등 다양한 형태의 인터넷 광고가 생겨났다. 또한 스마트폰 보급 및 무선인터넷 이용 확대는 디지털 광고시장 규모가 공중파를 앞지를 수 있는 기반을 마련해 주었다.

디지털 광고시장의 성장으로 광고회사에서 가장 주목받는 조직이 디지털부서이다. 디지털 업무가 세분화되고 전문화되어가는 만큼 조직 운영에 있어 많은 고민이 필요하다. 종합광고대행사의 디지털부서 또는 디지털광고대행사는 디지털 광고 기획, 매체 운영 외에 디지털 기술을 접목한 크리에이티브 개발팀, 빅데이터 연구팀, SNS팀 등 세분화된 팀을 운영한다. 디지털부서 또는 디지털광고대행사는 업무의 세분화를 통해 전문성을 강화하고, 다시 다양한 분야를 융합시켜 커뮤니케이션 목표를 달성한다.

4차 산업혁명 시대에 디지털부서는 광고회사에서 더욱 중요한 위치를 차지하게 될 것이다. 하지만 그 위상만큼 노력이 필요하다. 그동안 디지털 광고시장은 급성장했지만 디지털부서는 인력배치와 조직 운영에 있어 미흡했던 것이 사실이다. 디지털 업무의 세분화와 전문화가 대형 광고회사만의 과제는 아니다. 규모와 관계없이 광고업계에 종사한다면 고민하고 해결해나가야 할 과제이다. 회사 내 조직변화, 회사 간 협업 등을 통해 새로운 디지털 기술들이 광고와 접목되고 다양하게 활용될 수 있도록 실질적인 고민을 해야 할 시점이다.

▌ 파워배틀 와치카

주인공 '로이'를 중심으로 친구처럼 교감할 수 있는 인공지능 미니카인 '와치카'들의 세계 챔피언이
되기 위한 승부를 그려낸 애니메이션. 국내 완성차 브랜드 최초로 자사의 브랜드와 차명을 활용(하이브랜
드 콘셉트카 블루윌(HND-4)-블루윌, 아반떼-아반, 쏘나타-쏘나. 포터-포티)한 어린이용 자동차 애니
메이션으로 화제를 모았다.

4) 광고회사에서 콘텐츠회사로

최근 광고회사는 '광고회사'를 넘어 '콘텐츠회사'가 되기 위해 노력하고 있다.
TV, 신문 등 전통적 광고를 벗어나 영화, 드라마, 음악 등을 제작하여 활용하는
브랜디드 엔터테인먼트^{Branded Entertainment}가 인기를 끌면서, 콘텐츠에 대한 광고회
사의 관심이 높아졌다. 디지털 매체 환경은 15초 광고를 넘어 다양한 콘텐츠를
소비하고 확산시키는 장을 만들었다.

이제 광고회사는 단편적인 브랜디드 콘텐츠를 넘어 많은 사람들이 소비할
수 있는 콘텐츠를 기획하고 제작하고 배급하는 회사로 변모하고 있다. 현대자동차
그룹의 광고회사 이노션은 삼지애니메이션, CJ F&M과 파트너십을 맺어 〈파워배틀
와치카〉라는 애니메이션을 공동제작하고 마케팅·배급·라이센싱 등 모든 과정을
주도하였다.

2017년 SM엔터테인먼트의 계열사 SM C&C가 SK플래닛 광고부문을 인수한
것도 이러한 시장의 흐름 속에 있다. 가수부터 연기자까지 다양한 소속 연예인을
보유한 SM엔터테인먼트, 드라마 등 다양한 콘텐츠를 제작해 온 SM C&C, 마케팅과
광고 경험이 풍부한 광고회사 SK플래닛이 시너지를 발휘해 파급력 있는 콘텐츠를
만들고 광고 산업의 변화를 주도하겠다는 것이다.

광고회사의 업무 영역은 더 이상 광고에 국한되지 않는다. 콘텐츠 제작부터 유통까지 전 영역의 경계는 허물어졌다. 광고회사는 영화, 드라마, 스포츠대회, 전시 등 소비자와 커뮤니케이션 할 수 있는 모든 수단을 활용하고, 제작부터 유통까지 전 영역에서 전문성을 발휘하는 조직으로 변화하고 있다.

◆ 광고회사 변화에 대한 실험: 하쿠호도 Agency Beta

      2016년 칸 국제광고제에서 일본의 대표적인 광고회사 하쿠호도 그룹은 'Agency Beta : The secret of team prototyping'이라는 주제의 세미나를 개최했다.

      Agency βeta는 기업규모, 역사에 안주하지 않고 새로운 크리에이티브 발전을 위해 하쿠호도가 만든 실험용 베타버전 크리에이티브 팀 집단이다. 즉, 게임이 상용버전이 출시되기 전 베타 테스트를 통해 보완점을 찾고 완성도를 높이는 것처럼 하쿠호도는 변화하는 환경 속에서 광고회사의 변화 방향성을 찾기 위한 실험을 실행하였다.

      하쿠호도가 Agency βeta를 구성하며 고려한 사항은 다음과 같다.

1. Create the way we create

      혁신적인 결과물을 계속 만들어 내고자 한다면 기존의 팀 관행 및 창작 방법을 혁신할 만큼 대담해져야 한다(Be bold enough to innovate the traditional team practice and creation method if we are to keep generating innovative output). 덧붙여 베타 에이전시는 최소의 구성으로 테스트하고 최고의 크리에이티브한 방법을 찾아야 한다고 강조했다.

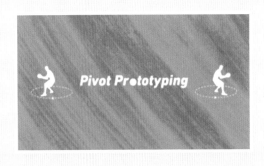

2. Pivot prototyping

      기존에 가지고 있는 중심 기술을 견고히 하면서도 미개척 분야의 활로도 찾도록 해야 한다(Keep pivoting by putting one foot firmly on the core skill that creates strength and step into an unexplored field with the other foot). 즉 베타 에이전시는 광고 회사의 본질적인 크리에이티브 역량을 확고히 가지면서도 새로운 영역의 활로를 찾을 수 있어야 한다고 하였다.

3. The world's first failure

　　새로운 실수를 가장 먼저 하십시오. 칭찬하고, 공유하고, 실수로부터 배우십시오. 그러나 같은 실수를 다시 하지 마십시오(Be the first to make a brand-new mistake. Praise, share, and learn from the mistake. But do not make the same mistake again). 즉 누구도 경험해보지 못한 세계에서의 첫 번째 실패를 하자고 주장하였다. 그러나 반복된 실수는 베타 에이전시에게 용납되지 않는다고 하였다.

　　하쿠호도는 이러한 주요 고려 사항을 기반으로 5개의 크리에이티브 에이전시 팀을 제시했다.

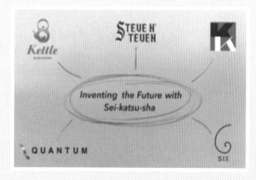

- Hakuhodo Kettle - Agency to create innovative integrated campaigns
- QUANTUM - Agency specializing in innovation, particularly new business and product development
- STEVE N' STEVEN - Agency to create visual content businesses
- TEAM KOSUGI - Agency to find solutions through collaboration with top management
- SIX - Agency to develop next-generation creatives across boundaries of digital, ATL, etc.

　　각 팀마다 각기 다른 영역의 도전 과제들이 주어졌고, 이들은 자신만의 방식으로 그 과제를 해결해 나갔다.

사례 1. Hakuhodo kettle

　　이들은 Innovative integrated campaign을 만드는 것을 목표로 세웠다. 아이디어는 모든 곳에서 나온다는 기조하에 다양한 출신의 사람들을 모았다. 기존 직무 이름을 버리고 크리에이티브 디렉터, 크리에이티브 플래너, 프로듀서, 매니징 스태프라는 이름을 주었다. 이들은 방법 중립적method neutral 크리에이티브 스킬을

기반으로 광고 캠페인부터 뉴스, 책방, 리테일, 커뮤니티 플랫폼 등 다양한 영역으로
뻗어 나갔다. 그들은 회사 내부에 모든 사람이 함께할 수 없음을 알게 되었다.
그리고 모든 분야의 전문가와 협업을 시작했다. 서점 전문가와의 협업으로 서점의
새로운 비즈니스 모델을 만들었고, 심리학자들과의 프로젝트 덕분에 새로운 과학적
사실을 발견했다.

사례 2. Quantum

이들의 목표는 'Build start up innovation'이었다. 팀의 구성은 산업 디자이너, 컨설턴트, 엔지니어로 50% 구성하고, 기존 광고 회사의 인력을 50%로 하였다. 퀀텀의 핵심 역량은 Human-centered thinking, 즉 수많은 광고 캠페인을 만들며 고민한 끝에 얻은 소비자에 대한 이해력과 스토리텔링 능력이다. 이들은 이 능력을 바탕으로 클라이언트와 함께 새로운 사업기회를 만들고, R&D 부문과 새로운 제품을 개발한다. 이들은 더 이상 클라이언트를 위해 일하지 않는다. 클라이언트와 함께 일한다.

사례 3. SIX

Big business in digital creative, 광고든 콘텐츠든 플랫폼이든 형태에 상관없이 세계를 더 낫게 만드는 것이 SIX의 목표로, 'not trying to creative, but to innovative'라 이야기한다. 디지털 크리에이티브 능력과 경험을 가진 아트, 애니메이션, 자동차, 음악, 게임, 동물 오타쿠 6명과 비즈니스 프로듀서로 시작되어 이름이 SIX이다. 이 팀은 스피커 전면에 설치된 투명 스크린을 통해 가사가 실시간으로 시각화되어 보이는 'lyricspeaker'를 만들었다.

자료: https://brunch.co.kr/@jinbread/8
　　　https://www.hakuhodody-holdings.co.jp/english/topics/2016/07/1023.html
　　　http://adobomagazine.com/global-news/beta-hakuhodo-agency-way

2장
기획의 기초

기획은 광고업뿐 아니라 다양한 업무에 필요한 개념이며, 실질적으로 많은 회사는 기획팀을 운영하고 있다. 그럼에도 불구하고 '기획이란 무엇인가?', '기획은 계획과 어떻게 다른가?' 이 기본적인 질문에 쉽게 대답할 수 있는 사람은 많지 않을 것이다. 또한 기획과 관련한 업무를 하는 사람들에게도 기획은 늘 어려운 과제이다.

　　2장은 광고기획에 앞서 기획의 기본적인 개념과 특징을 이해하고 기획의 방법을 제시한다. 기획을 함에 있어 무엇이 중요한지, 사람들이 흔히 하는 실수는 무엇인지 등을 알아보고 4Mat을 활용한 기획의 방법을 통해 기획의 기초를 다지는 것은 광고기획자 뿐 아니라 모두에게 중요한 일이라 생각한다.

01.
기획이란
무엇인가?

1) 계획과 기획의 차이점

'공연을 기획하다', '공연 관람을 계획하다'의 차이점은 무엇일까? 먼저 첫 번째 표현인 '공연을 기획하다'는 현재 존재하지 않는 공연 상품을 어떻게 만들 것인지, 어떻게 판매할 것인지 전반적인 과정에 대한 아이디어를 도출하는 과정을 의미한다. 반면 두 번째 표현 '공연 관람을 계획하다'는 많은 공연 중 어떤 공연을 볼 것인지, 언제 볼 것인지, 누구와 볼 것인지 구체적인 방법을 의미한다. 이렇듯 계획과 기획은 다른 의미를 지니고 있으며 좋은 기획을 하기 위해서는 기획의 의미를 정확하게 이해해야 한다.

기획企劃, Planning 의 사전적 의미는 '일을 꾀하여 계획함'으로 아직 없던 새로운 일을 이루기 위해 계획을 수립하고 집행하는 과정을 의미한다. 기획은 목표를 설정하고 그 목표를 달성하기 위한 수단을 결정하는 과정으로 여러 정보를 종합하여 여러 가지 대안을 모색하고, 그중에서 최적의 대안을 선택하는 과정이라고 할 수 있다. 계획計劃, Plan 은 '앞으로 할 일의 절차, 방법 등을 정하는 것'으로 세부적인 방침에 가깝다. 기획이 아이디어라면 계획은 실행에 가깝다.

2) 기획의 특징[4]

(1) 기획은 목표 지향적 활동이다

기획은 목표를 달성하기 위한 수단이다. 모든 기획이 명확한 목표를 전제로 하는 것은 아니지만 기획은 항상 목표 의식을 가지는 의식적인 노력이다. 기획은 목표 의식을 바탕으로 하는 것이기 때문에 현상에 대하여 아무런 활동도 취하지

---

4 박홍윤. 2009. 『전략적기획론』. 서울: 대영문화사.

않는 무계획도 그것이 목표 의식에 의하여 이루어진 행위라면 기획의 범주에 포함시킬 수 있다.

(2) 기획은 미래에 대하여 생각하고 준비하는 것이다

기획은 앞으로 다가올 미래를 예측하고 이에 대하여 준비하는 행위이다. 이에 소여 Sawyer 는 '기획은 앞서, 준비하는 활동'이라고 정의하고 있다. 이와 유사하게 채드윅 Chadwick 은 '기획은 인간이 장래에 관해서 미리 사고하는 과정'이라고 정의한다. 기획의 미래지향성은 기획이 가지는 이러한 목표지향성에서 연유한다. 즉, 목표란 미래의 바람직한 상태를 의미하기 때문에 그 시간이 미래가 된다.

(3) 기획은 미래를 통제하는 것이다

기획은 단순히 미래를 생각하는 것을 넘어서 미래의 행동을 통제하기 위한 활동이다. 조직에서 기획은 다양하게 분화된 구성요소들이 조직의 목적을 향하도록 상호 조정하면서 행위를 통제한다. 이러한 통제의 중요한 기준은 달성하고자 하는 목표가 된다. 그러나 환경 변수나 자연 현상과 같이 통제할 수 없는 경우에는 변화에 대한 대응적인 기획이 요구된다.

(4) 기획은 일단의 의사결정을 통합한 것이다

기획은 목표를 달성하기 위하여 여러 대안 가운데 합리적인 대안을 의식적으로 선택하는 지속적인 의사결정 행위이다.

(5) 기획은 합리성을 추구한다

월다브스키 Wildavsky 는 기획의 장점은 합리적 선택의 보편적인 규범을 구체화하는 데 있다고 한다. 기획은 목적과 수단과의 관계에 대한 분석을 바탕으로 목적을 달성하기 위한 최선의 수단을 선택하는 일련의 과정이다. 목적과 수단 관계의 합리성은 논리적, 분석적, 실증적인 경제적 합리성 이외에 다양한 참여자 간의 타협과 합의를 의미하는 정치적 합리성을 모두 포함하는 것으로 이해되어야 한다.

(6) 기획은 하나의 순환적 과정이다

민츠버그 Mintzberg 는 기획을, 그것이 달성하고자 하는 결과보다, 결과를 위한 과정으로 이해할 것을 주장하고 있다. 기획은 결과물인 계획 plan 을 준비하는 과정이며, 최선의 대안을 선택하기 위한 과정이며, 미래의 바람직한 결과를 얻기 위한 과정이다. 그러나 기획의 과정은 단선적·진화적인 과정이 아니라 순환적인 과정으로 이해되어야 한다.

02.
기획의
기초

1) 상대방을 가장 중요하게 생각하라

기획에서 가장 중요한 것은 내가 전달하고 싶은 이야기, 주장하는 바를 설득시키는 것이다. 기획에서는 설득을 해야 하는 사람이 존재하며 그 상대방이 가장 중요한 대상이 된다. 따라서 상대방이 가장 궁금해하고 원하는 이야기를 쉽고 명확하게 풀어나가야 한다. 기획이란, 상대방의 입장에서 왜 그 일을 해야 하는 지 상황을 설명한 후, 무엇을 해야 하는지 설득하고, 그 무엇을 위해 어떻게 진행할 것인지 세부적인 실행방안을 제안한다. 그리고 나의 주장대로 실행할 경우 어떤 효과가 있을지 제시하여 확신을 주는 것이다.

여기서 상대방은 우리 브랜드의 소비자일 수도 있고, 직장 상사, 공모전의 심사위원, 광고주가 될 수도 있는 등 매우 다양하다. 기획을 하는 사람은 수많은 다른 기획자와 경쟁을 해야하고 설득을 해야 할 상대방은 자신들이 알고 싶은 것에만 관심이 있다. 기획을 하는 동안 상대방이 되어 기획을 점검해야 하는 이유이다.

2) Why에 집중하라

상대방을 설득하기 위해서는 Why에 집중해야 한다. 기획의 대상이 되는 제품, 대상이 What이라면 그것이 필요한 이유는 Why이다. 예를 들어 신제품 A를 출시하고자 하는 기획서를 작성한다고 하자. 신제품 A의 출시를 설득하기 위해서는 신제품 A를 출시해야 하는 이유가 필요하다. 그것은 시장상황, 시장 성장 가능성, 경쟁제품에 대한 고객의 불만, 시장에서 우리 회사의 강점 등에서 찾을 수 있다.

단, Why는 너무 광범위하거나 일반적이어서는 안 된다. 누구나 알 수 있는 일반적인 Why는 상대방을 설득시킬 수 없다. 상대방의 마음을 사로잡기 위해서는

▶ 리포지셔닝 전

▶ 리포지셔닝 후

듣는 사람이 '아~! 이건 정말 필요 하구나'라고 느낄 수 있는 날카로운 Why를 찾아야 한다.

동아제약 노스카나겔은 흉터치료제에서 여드름 흉터치료제로 리포지셔닝 Repositioning 하여 성공한 제품이다. 동아제약은 2013년 3월 남녀노소 누구나 사용 가능한 흉터 치료제인 '노스카나겔'을 출시하며 비대성 켈로이드성 흉터, 여드름 흉터, 수술 후 생긴 흉터 등 다양한 흉터 치료에의 효능·효과를 강조했다. 하지만 흉터 치료제 시장은 다양한 제품들이 경쟁하고 있는 시장으로 노스카나겔의 매출 성장이 쉽지 않았다. 결국 동아제약은 노스카나겔을 '여드름 흉터 치료제'로 리포지 셔닝하기로 결정한다.

노스카나겔이 '여드름 흉터 치료제'가 되기로 한 이유는 첫째, 여드름 흉터 유일 표시가 가능한 제품으로 '최초'라는 타이틀을 지닐 수 있는 장점이 있다. 두 번째, 여드름은 일반 상처 대비 발생 빈도가 높아 매출을 더 크게 키울 수 있다. 셋째, 10대, 20대의 피부 미용에 대한 관심증가로 시장 성장 가능성이 높다. 이러한 3가지 Why가 없었다면 노스카나겔은 기존 시장에 그대로 남아있어야 했을지도 모른다. 날카롭고 명확한 Why로 내부 의사결정을 위한 기획의 설득력을 높인 것이다.

노스카나겔은 타겟과의 접점인 광고에서도 날카로운 Why를 제시했다. 타겟들이 노스카나겔을 사용해야 하는 이유는 '진짜 여드름 흉터 치료제'이기 때문이다. 이러한 Why는 타겟을 분석하는 과정에서 발견되었다. 조사결과 다수의 타겟들이 여드름 흉터 발생 시 근본적 치료가 아닌 메이크업을 통해 흉터를 가리고 있는 것으로 나타났다. 이러한 상황에서 '진짜 여드름 흉터 치료제는 화장품 가게가 아닌 약국에 있다'는 메시지를 통해 타겟의 마음을 사로잡을 수 있었다.

3) 문제를 날카롭게 정의하라

문제란 이상적인 상태와 현실 간의 차이이다. 기획의 과정에서 문제를 정의하는 일이 중요한 이유는 문제가 달라지면 해결방법이 달라지고 기획서의 전략과 콘셉트가 달라지기 때문이다.

그렇다면 문제는 어떻게 발견할 수 있을까? 우선, 기업의 목표와 현실의 차이를 발견한다. 예를 들어 A화장품은 20~30대 직장인을 핵심 고객으로 만들기 위해 마케팅을 진행해 왔다. 하지만 A화장품의 실질적 고객은 10대인 경우 20~30대 직장인이 구매하지 않는 이유, 저 연령층에서 A화장품을 구매하는 이유에서 문제점을 발견해야 한다. 문제점은 브랜드 이미지, 제품 라인업, 효능, 유통 등 다양한 분석을 통해 발견된다.

1등 브랜드도 세분화를 통해 문제점을 발견할 수 있다. 만약 시장점유율 Market Share 1등을 하는 A과일주스가 있다고 하자. 이 브랜드는 문제점이 없는

▌ 1등 A과일주스 상태 세분화 방법

	세분화
경쟁	– 과일주스시장 1등인가? – 음료시장 1등인가?
소비자	– Market Share 1등인가? – Mind Share 1등인가?
시장규모	– 정체된 시장에서 1등인가? – 쇠퇴하는 시장에서 1등인가? – 성장하는 시장에서 1등인가?

것일까? A과일주스의 경쟁자는 주스뿐일까? 시장점유율처럼 A과일주스가 소비자의 마음속에서도 1위일까? 다양한 질문을 통해 최선의 상태를 세분화하면 문제가 새롭게 보인다.

4) 현상과 문제를 구분하라

A과일주스는 10년간 과일주스 시장 1위를 유지하고 있지만 최근 과일주스 시장 성장률이 정체되어 고민이다. 이러한 상황에서 문제점은 무엇일까? 기획서에서 문제점을 [과일주스 시장 정체로 인한 A과일주스의 매출 정체]라고 규정하는 경우를 흔히 볼 수 있다. 하지만 이것은 현상에 불과하다.

현상이란 눈에 보이는 표면적인 상태이고 문제란 그러한 현상을 만들어낸 원인, 이유이다. 따라서 문제를 규정하기 위해서는 더 심도 있는 분석이 필요하다. 과일주스 시장이 정체된 이유를 살펴보기 위해 음료 시장은 성장했는지 정체되어 있는지 먼저 살펴보아야 한다. 음료 시장이 성장했음에도 불구하고 과일주스 시장이 정체 상태라면 성장 중인 다른 음료의 종류와 그 이유, 과일주스에 대한

▌ **수면유도제 S 현상-문제-솔루션**

현상	문제	솔루션
복용에 대한 거부감을 가지고 있다	수면제와 수면보조제를 구분하지 못한다	수면 보조제라는 용어에 변화를 준다 (예. 수면 영양제 / 숙면 보조제)
	부작용, 내성에 대한 두려움이 있다	생약 성분으로 안전함을 강조한다
	생약성분에 대한 신뢰가 부족하다	사용된 생약성분이 약이 아닌 차, 음료 등 일상생활에서 음용하고 있는 원료임을 보여준다
복용의 필요성을 느끼지 못한다	불면증을 일시적 현상으로 느끼고 자연스럽게 개선될 수 있다고 생각한다	불면증은 치료해야 할 질병으로 규정한다
	의약품의 효능에 대한 기대를 의심한다	숙면의 효과를 보여준다 (삶의 질 개선, 업무효과 등)
	의약품 대신 베개, 차 등 다른 방법을 사용한다	확실한 치료법, 검증된 치료법으로 제시한다

소비자 인식 조사 등을 통해 문제점을 발견해야 한다. 반면 음료 시장이 전반적으로 축소되고 있다면 음료를 마시지 않는 이유를 발견해야 한다.

수면유도제 S는 생약성분으로 향정신성의약품인 수면제와는 다르게 부작용이 적고 안전하며 2주간의 임상시험 결과 야간에 깨어있는 시간이 감소하고, 숙면 시간이 증가하는 등 수면의 질이 개선되는 효과를 보인 제품이다. 이 제품에서 발견된 현상에 따라 다양한 문제점을 도출할 수 있고, 문제점을 어떻게 분석하느냐에 따라 솔루션이 달라짐을 표 〈수면유도제 S 현상-문제-솔루션〉을 통해 볼 수 있다.

03.
4MAT과
기획

1) 4MAT 4 MASTER OF ART TEACHING 의 이해

4MAT은 세계적인 교육학자 버니스 매카시Bernice McCarthy 박사가 전☆뇌 교육, 즉 좌뇌 우뇌를 적극적으로 활용하여 뇌를 활성화시키고 창의력을 증진시키려는 차원에서 만든 교육 시스템이다.

학습의 과정은 Why-What-How-If의 4단계로 이루어지며 각 단계에서 좌뇌와 우뇌가 서로 연결되며 정보를 처리하고 행동을 하게 만든다. 커뮤니케이션 과정에서 이 중 일부만 전달되면 무의식적으로 불완전한 정보로 인식하게 된다.

▌4MAT의 학습과정

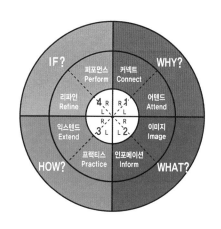

자료: aboutlearning.com

2) 4MAT을 활용한 기획

WHY	왜 해야 하는지 이유를 논리적으로 설득
WHAT	그래서 결국 무엇을 해야 하는지 제안
HOW	구체적으로 어떻게 할 것인지 설명
IF	그렇게 하게 되면 어떤 효과가 있는지 설득 강화

버니스 매카시의 4MAT 시스템을 활용하면 기획의 설득력이 높아진다. 기획의 과정에서 가장 중요한 점인, 상대방이 학습하는 과정에 따라 설득을 하기 때문이다. 이러한 설득의 과정은 광고기획뿐만 아니라 일상 커뮤니케이션 속에서도 습관화가 되어야 한다.

[기획 연습 1. 일상 생활편]

초등학교 1학년 딸에게 엄마가 말했다.

"승연아 오늘(오늘은 토요일이다)은 아빠랑 둘이서 놀아"

그러자 딸의 대답 "왜? 내가 왜 그래야 해?"

이 대화에서 엄마는 딸을 설득시키는 데 성공하지 못했다. 기획의 최종목표가 상대방 설득인 점에서 볼 때 엄마는 기획을 제대로 하지 못한 셈이다. 이 기획의 문제점은 What만 있을 뿐 Why, How, If가 전혀 없다는 점이다. 4Mat에 따라 딸을 설득할 수 있는 기획을 해보자.

WHY	승연이 오늘 뭐하고 싶어? 그런데 엄마가 오늘 회사에 가야 해서 같이 놀 수가 없어. 승연이가 하고 싶은 걸 하려면 아빠랑 해야 해.	아빠와 놀아야 하는 이유
WHAT	오늘은 아빠랑 둘이서 놀자	아빠와 둘이 노는 제안
HOW	아빠랑 공원 가서 줄넘기도 하고 술래잡기도 하고…	구체적으로 무엇을 할 것인지
IF	아빠가 엄마보다 줄넘기도 더 잘해서 승연이 더 잘 알려줄 수 있고… 재미있겠지? 그리고 엄마가 회사에서 올 때 승연이 좋아하는 아이스크림 사올게.	아빠와 노는 것을 통해 얻을 수 있는 효과

- -

[기획 연습 2. 업무편]

클라이언트가 ABC 라디오에 광고를 집행하고 있다. 그런데, 방송사 파업으로 다음 주부터 정상방송을 하지 못해 음악만 송출한다고 한다. 이 상황에서 클라이언트에게 어떻게 커뮤니케이션할 것인가?

▌ABC 라디오 대신 타 방송사를 추천할 경우

WHY	(주장의 이유, 근거) ABC방송사 파업으로 다음 주부터는 ABC라디오가 정상 방송을 안하고 음악만 나온다고 합니다. 라디오 프로그램은 음악보다는 DJ와 소통을 기반으로 한 애청자들이 많기 때문에 청취율이 하락할 것이에요. 대신 ABC 파업으로 청취자의 연령대가 비슷한 D방송사 라디오의 청취율이 상승할 것으로 예상합니다.
WHAT	ABC라디오 광고를 전면 취소하고 D채널에 광고를 집행하는 것을 제안합니다.
HOW	(세부 프로그램 제안) D채널 집행 가능 프로그램은 다음과 같습니다.
IF	(예상효과 제시) ABC채널 대비 이러한 효과가 있습니다.

[기획 연습 3. 광고기획편]

신세계그룹은 2014년 온라인 사업 통합 플랫폼인 SSG.COM을 구축하였다. SSG.COM의 가장 큰 장점은 신세계그룹의 쇼핑포털로서 백화점, 마트, 온라인몰 등을 통합적으로 편리하게 이용할 수 있다. SSG.COM 통합 이후 20대, 30대 젊은 타겟들의 구매 경험을 유도하기 위해 SSG.COM은 다음과 같은 광고를 집행하였다. 어떠한 기획과정에 의해 '쓱'이라는 키워드가 도출되었을까?

■ TV광고

▋ 기타

WHY	• SSG.COM 런칭 이후 '쇼핑포털'의 편리함을 강조한 광고에도 불구 인지도 낮음 　– '쇼핑포털'이라는 개념의 어려움 　– '에스에스지닷컴'이라는 길고 복잡한 브랜드명 • '쇼핑포털'이라는 특장점과 'SSG.COM'이라는 브랜드명 기억시키는 것 필요 　– 쇼핑포털이라는 어려운 단어보다 더 쉽게 통합 플랫폼 알리기 　– 복잡해서 기억하기 어려운 브랜드명을 간결하고 쉽게 알리기 　– 메인타겟인 20~30대를 공략하기 위해 쉽고 재미있게 　　* 20~30대 특징 : 쇼핑은 골치 아픈 것이 아니라 즐거운 일상이며 재미 추구
WHAT	### SSG(쓱) • 에스에스지닷컴을 간결하고 재미있는 한마디로 표현 • 쓱 주문, 쓱 배송 등 쇼핑포털의 특장점을 쉽고 재미있게 표현
HOW	• '쇼핑하다 → 쓱하다'로 새롭게 표현 　– 광고 카피 : 코트 쓱 해야겠어요, 구두 쓱 해놓았어요 등 • 광고에서 SSG가 쓱으로 변화하는 시각적 효과를 통해 'SSG=쓱'임을 인지 • IMC 차원에서 쓱 활용(온라인, 매장 내, 배송차량 등)
IF	• '쓱'을 유행어로 만들 수 있다. 　– 라면 좀 쓱 해줄래? 나 오늘 구두 쓱 했어 등 타겟들이 '쓱'이라는 용어 사용 • '쓱=온라인 쇼핑의 대명사'가 될 것이다. 　– 쇼핑, 구매, 사다 등의 단어 대신 '쓱' • 브랜드 인지도 증대

3) 기획서의 구성

일상생활에서, 업무에서, 우리는 기획의 과정이 필요하다. 앞서 연습한 바와 같이 4MAT을 기억하면 어떤 기획이라도 쉽게 할 수 있다. 4MAT에 기반한 기획서의 구성은 다음과 같다.

▌ 광고회사 플래닝 모델 적용 (JWT T-Plan)

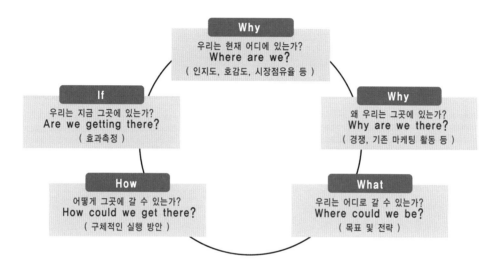

▌ 기획서 작성 (일반)

WHY	1. 상황분석 기업의 마케팅 현황, 인지도, 매출 등(경쟁사 분석) 소비자 라이프스타일 상황요약 및 문제점 발견 이유1, 이유2, 이유3

WHAT	2. 해결방안
	  – 프로젝트 목표
	  – 해결 아이디어
	그래서 A가 필요해요.
	A를 해야만 해요.
	A를 제안해요.

HOW	3. 실행계획
	  – 세부 실행 아이디어
	  – 일정, 예산 등
	A를 위해서는 가, 나, 다, 라 이렇게 진행할 수 있어요.

IF	4. 기대효과 그럼 당신은 이런 효과를 얻을 수 있습니다.

▌ 기획서 작성 (광고기획서)

WHY	I. 광고환경 분석 　1. 시장 분석 　2. 경쟁 분석(자사 및 경쟁사) 　3. 소비자 분석 　4. 제품 분석 II. 문제점 및 기회(SWOT분석) **지금 브랜드가 이런 문제점이 있고 이런 기회가 있어요.**
WHAT	III. 광고전략 　1. 광고목표 　2. 광고타겟 　3. 광고콘셉트 　　1) 광고의 기본전략 　　2) 광고콘셉트 　　3) 약속과 근거 **그래서 이런 광고를 해야 해요. (콘셉트)**
HOW	IV. 크리에이티브(Creative) 제안 　1. 표현전략 　2. 크리에이티브 제안 V. 매체 및 기타 제안 　1. 매체 제안 　2. 프로모션 및 기타 아이디어 **구체적인 광고 내용은 이렇고, 이렇게 매체 집행을 하고 프로모션…**
IF	VI. 예상효과 　문제는 이렇게 해결되고 이런 효과가 예상됩니다.

4) 광고기획의 개념과 역할

(1) 광고기획의 개념

광고기획이란 토탈 마케팅 기획Total Marketing Plan 의 일부로서 마케팅 중에서 광고부문에 관한 창의적 전략을 말하는 것으로 소비자가 브랜드에 대하여 느껴주길 바라는 이미지에 대해 언급한다. 즉, 광고주가 소비자에게 이야기 하고자 하는 바를 언급하는 것이다.

(2) 광고기획의 역할

• 광고제작에 대한 가이드라인 역할을 수행한다.

- 광고평가에 대한 벤치마크 ^{Benchmark} 를 제공한다.
- 광고가 기본적인 마케팅 목표 달성에 어긋나지 않도록 방향을 잡아주는 역할을 수행한다.
- 경쟁시장 내에서 자사 브랜드의 차별점을 논리적으로 형상화하여 효율적인 광고관리에 이바지한다.

(3) 광고기획의 과정

광고기획서의 일반적인 기본 포맷 ^{Format} 은 다음과 같다.

I. 상황분석
1. 환경분석
2. 소비자분석
3. 제품분석
4. 경쟁사 분석
5. 상황분석의 정리 (SWOT분석/문제점과 기회)

II. 전략의 수립
1. 광고목표 설정
2. 광고타겟 설정
3. 광고전략 및 콘셉트

III. 크리에이티브 전략
1. 크리에이티브 목표와 전략
2. 매체별 크리에이티브 및 ICMC 아이디어 제안

IV. 매체전략 및 예산수립

V. 광고효과측정
1. 광고내용에 대한 효과
2. 매체효과

앞의 포맷은 이와 같은 형식으로 기획서를 작성하라는 것보다는 기본적인 기획서의 논리의 흐름을 익히라는 의미에서 제시하고 있는 것이다. 물론 광고주의 요구 사항이나 기획서를 쓰는 상황에 따라 생략될 수 있는 부분도 있고, 이슈가 되는 문제에 좀 더 초점을 맞춘 기획서를 쓰기도 한다. 광고 커뮤니케이션 전략안의 기본적인 논리의 흐름은 광고주를 둘러싼 상황분석 즉, 환경분석과 소비자분석, 경쟁사분석, 제품분석을 통해 광고주의 문제점과 기회요인은 무엇인가 또는 강점 Strength, 약점 Weakness, 기회요인 Opportunity, 위협요인 Threat 은 무엇인가를 분석하고, 그렇다면 해결해야 할 과제가 무엇인가를 도출한다. 이렇게 해결해야 할 과제를 알고 그때부터 본격적인 광고커뮤니케이션 전략방향을 수립해 나가는 것이다.

그러면 이번 광고의 목표는 무엇이고, 커뮤니케이션해야 할 소구 대상 Target 은 누구인가 설정하고, 이들에 대한 커뮤니케이션 전략은 어떠하고, 그래서 광고콘셉트는 무엇이고 설정한 콘셉트를 크리에이티브로 어떻게 풀어 나갈 것인가 표현전략을 세우고 광고물를 제작하게 된다. 제작된 광고물은 광고예산, 타겟 등을 고려한 매체전략을 수립한 후 해당 매체에 집행되고 광고를 집행한 후에는 광고효과 측정을 통해 다음 광고에 반영한다. 최근에는 미디어의 다변화로 광고전략 수립 단계부터 어떠한 미디어를 통해 광고를 할 것인지 결정하고, 그 미디어의 특성에 맞게 크리에이티브를 전개하여 매체집행을 하는 경우가 늘고 있다.

3장

광고기획의 실제 Ⅰ _상황분석

3장 상황분석은 광고하고자 하는 제품 및 서비스를 둘러싼 상황에 대해 구체적으로 분석하는 과정으로 광고전략 수립에 있어 필수적인 단계라 할 수 있다. 이 과정에서 어떤 정보를 습득하고 정보를 어떻게 분석하느냐에 따라 전략은 달라진다. 여기서부터 기획의 차별화가 시작된다고 할 수 있다.

　　따라서 기업의 상황을 이루는 환경, 소비자, 경쟁사, 제품에 대한 분석은 매우 심층적으로 이루어져야 한다. 광고회사에서는 상황분석을 체계적으로 정리하기 위해 팩트북Factbook 을 작성한다. 하지만, 기획서에는 팩트북의 모든 내용을 담을 수 없다. 꼭 필요한 내용을 선별하고 일목요연하게 정리하는 것이 필요하다.

　　지금부터 상황분석의 4가지 항목에 대해 구체적으로 살펴보고, 상황분석의 내용을 정리하는 방법에 대해 알아보도록 하자.

01.
환경
분석

환경분석은 시장 점유율, 가격, 유통, 판촉 등을 포함한 업계의 전반적인 동향이나 업계에 영향을 미치는 거시적 환경요인 등과 함께 시장의 일반적인 트렌드를 파악한다. 그리고 상품군의 변천사와 카테고리를 정의함으로써 광고하고자 하는 대상 품목이 어디에 위치하고 있는지를 판단하게 하며 최종적으로 시장의 큰 흐름이 어떤 방향으로 전개될 것인가를 분석해 내는데 그 초점을 둔다.

환경분석에 포함되는 내용들은 대략 다음과 같다. 물론 상황에 따라 이러한 요소들 중 일부를 선별하여 분석 작업을 하게 되는데, 뒤에 나올 광고 커뮤니케이션 전략을 뒷받침해줄 수 있는 내용을 심층 분석한다.

1) 환경분석의 내용

(1) 업계에 영향을 미칠 수 있는 국내외 사회, 문화, 정치적 동향은 어떠한가?

- 세계경제의 이슈
- 환율, 금리 변동 사항
- 각종 무역규제
- 국내외 정치적, 사회적, 문화적 동향
- 국내 경제의 이슈
- 국가 경제 정책 동향
- 물가 지수 변동 사항
- 증시 동향 등

(2) 과거 수년간 업계의 주요동향과 변천사는 어떠한가?

- 업계의 주요 변천사

- 업계의 경제적 이슈
- 업계의 최근 성장률 추이 및 원인
- 추후 업계의 시장 전망
- 경쟁사의 주요 시장 동향

(3) 기업의 역사나 최근 동향은 어떠한가?

- 창업 이념
- 발전 과정
- 사훈
- 기업의 이미지
- 기업의 맨파워 manpower
- 기업의 재원 동원 능력

(4) 동종 업계에서 과거에 성공하거나 실패한 상품의 사례가 있는가?

(5) 업계와 특별히 관련된 규제사항이나 소비자 주의사항은 있는가?

- 정부 규제
- 소비자 단체

(6) 최근 몇 년간의 각 기업별 매출액과 점유율의 추이는 어떠한가?

- 인구통계학적 점유율 추이
- 지리학적 점유율 추이
- 계절에 따른 매출액 변화

(7) 시장은 세분화된 유형으로 나타나고 있는가? 세분화된 시장이 있다면 어떤 시장이 가장 규모가 크며 그 원인은 무엇인가?

- 시장세분화 전략의 유형은 어떤 것들이 있는가?
- 시장세분화 전략의 이점은 무엇인가?

(8) 가격분석

- 최근 상품군의 가격 변화 추이는 어떠한가?
- 경쟁사 대비 가격 상황은 어떠한가?
- 판매점 마진율은 어떠한가?
- 소비자는 가격을 합당하다고 느끼고 있는가?

(9) 유통 분석

- 상품의 전반적인 유통라인은 어떠한가?
- 자사 상품 간에 유통 면에서 중복 요인은 없는가?
- 매장 진열 상태는 경쟁사에 비해 어떠한가?

2) 환경분석 시 유의점

기업을 둘러싼 환경과 관련된 정보는 매우 다양하고 방대할 수 있다. 위 내용은 환경분석의 주요 항목이지만 광고기획 시 해당 내용을 모두 분석하라는 의미는 아니다. 광고하고자 하는 제품의 특성 및 이슈에 따라 항목을 선별하고 주요한 내용을 중심으로 분석할 필요가 있다. 환경분석 시 유의점은 다음과 같다.

- 세부적인 정보보다는 시장의 큰 흐름을 분석한다.
- 제품과 관련한 환경의 주요 이슈를 파악한다.
- 전체적으로 살펴본 후 필요한 내용을 선별하여 작성한다.
- 소비자, 경쟁사, 제품분석을 위한 심도 있는 준비단계로 이해한다.

02.
소비자
분석

소비자 분석은 소비자라는 하나의 객체만 가지고 분석되어지는 것은 아니다. 소비자와 상품, 소비자와 가격, 소비자와 유통 등 시장의 제반 여건 하에서 브랜드 소비층이 어떤 계층이며 그러한 계층은 어떤 소비행동을 하게 되는가? 소비행동을 하게 되기까지의 의사결정과정은 어떤 형태인가? 그러한 소비행동에 영향을 미치는 요소는 무엇인가? 등을 파악해내는 것이다. 이 책에서는 크게 4가지 항목으로 분석방법을 분류하여 제시하였다.

- 인구통계학적 특성 분석
- 심리학적 분석
- 신상품 수용 속도에 따른 분석
- 소비자의 구매 및 사용행동 분석

이들 4가지 항목은 중요도에 따라 상대적 가치를 둘 수는 없지만 진행하는 프로젝트의 전반적인 광고 기본전략에 따라 그 중요도는 달리 작용할 수 있다. 즉 목표소비자집단을 설정함에 있어 단순한 인구 통계학적 특성만으로 분류하는 방식은 이미 고전적인 형태가 되었고, 더욱 심층적인 심리학적 분석이라든지 소비자 행동분석에 의한 분류가 뒷받침되는 것이 설득력이 있다. 크리에이티브 전략에서도 소비자의 인구통계학적 요소는 크리에이터들에게 크리에이티브의 실마리를 제공 해주기에는 미흡하다. 소비자들이 어디에 살고 있는, 월 소득이 얼마인 계층이라는 분류는 기본이고, 그 상품을 왜 필요로 하고 그 브랜드를 왜 좋아 하는가 등의 '소비자 행동분석'이 뒷받침되어야 한다. 반면에 인구 통계학적 분석 내용은 매체계획 수립에 중요한 역할을 하게 된다. 따라서 이들 4가지 항목은 그 어느 것도 경시될 수 없으며 상호 밀접하고 유기적으로 연결된 사항으로서 종합 분석·평가되어야 한다.

1) 인구통계학적 Demographics 분석

인구통계학적 방법에 의한 분류내용은 일반적으로 다음과 같다.

- 연령
- 성별
- 수입 상태(소득)
- 학력
- 주거 형태

- 직업
- 가족 규모
- 종교
- 지역
- 지역의 크기

- 인구밀도
- 결혼유무
- 가족생활 주기 상태
- 기후

▌ 광동 헛개차 (좌), CJ 헛개수 (우)
동일한 헛개 음료이지만 인구통계학적으로 다른 소비자를 타겟으로 광고.
광동헛개차(좌): 성인 남자들을 위한 제품으로 포지셔닝
CJ헛개수(우): 여성을 중심으로 갈증 해소 음료로 포지셔닝

▌ 한국화이자제약 건강기능식품 '센트룸'
인구통계학적분석에 따라 남자와 여자로 시장을 구분하고
'남자와 여자의 필요한 영양은 다르니까 남녀에 따라 다르게 채우세요'라는 메시지
전달

여기에서 유의해야 할 점은 위에 열거된 모든 사항을 다 선택하게 되는 경우 오히려 광고기획을 하거나 제작을 하는데 있어 초점이 흐려지게 될 가능성이 많다. 해당 내용 중 광고하고자 하는 제품과 밀접한 연관성이 있는 몇 가지를 선택하여 분석할 필요가 있다. 심리학적 분석이 소비자를 심도 있게 이해하는 단계라면 인구통계학적 분석은 소비자를 이해하는 출발점이다. 따라서 심리학적 분석에 앞서 인구통계학적 분석을 통해 제품을 사용하는 소비자에 대한 기본적인 내용을 이해할 필요가 있다.

2) 심리학적 Psychographics 분석

이 분석방법은 소비자들의 개인적 개성이나 욕구, 소비자 편익의 탐색과정 등 소비자 행동 측면과 밀접한 관계를 가지고 있다. 심리학적 분석을 위해서는 매슬로우의 욕구이론, 소비자 라이프스타일, 소비자 트렌드 등을 이해하는 것이 필요하다.

(1) 매슬로우의 욕구 5단계 이론 Maslow's hierarchy of needs

마케팅 분야에서 매슬로우의 욕구 5단계 이론에 대한 이해는 중요한 지침이 되고 있다. 소비자가 구매를 결정하는 것은 욕구를 채우기 위한 것이며 마케팅 담당자는 그 욕구를 이해하고 충족시킬 수 있는 제품과 서비스를 제공해야 한다.

매슬로우는 사람은 누구나 다섯 가지 욕구를 가지고 태어나는데 이들 다섯가지 욕구에는 우선순위가 있어서 단계가 구분된다고 주장했다.

인간의 욕구에는 치열한 경쟁 속에서 살아남으려는 생존 욕구부터 시작해 자아실현 욕구까지 5단계로 구분된다. 사람은 가장 기초적인 욕구인 생리적 욕구 physiological needs 를 맨 먼저 채우려 하며, 이 욕구가 어느 정도 만족되면 안전해지려는 욕구 safety needs 를, 안전 욕구가 어느 정도 만족되면 사랑과 소속감 욕구 love&belonging 를, 그리고 더 나아가 존경 욕구 esteem 와 마지막 욕구인 자아실현 욕구 self-actualization 를 차례대로 만족하려 한다는 것이다. 즉, 사람은 5가지 욕구를 만족하려 하되 우선순위에 있어서 가장 기초적인 욕구부터 차례로 만족하려 한다는 것이다.

■ 매슬로우의 5단계 욕구

① 생리적 욕구

인간의 욕구 중 가장 기본적인 숨쉬고, 먹고, 자고, 입는 등 우리 생활에 있어서 필수적인 요소들이 포함된 단계이다. 생리적 욕구는 인간이라면 누구나 가지고 있는 선천적인 욕구이다.

예를 들어 침대 광고는 제품 속성이 수면이라는 생리적 욕구를 충족시키기 위한 제품으로 광고에서 '수면의 욕구를 최대한 만족스럽게 충족시켜 주겠다'라는 약속을 한다. 또한, 이러한 수면의 욕구는 침대가 아닌 다른 제품에서도 활용될 수 있다.

제습기 브랜드 위닉스 뽀송은 2013년 제습기 시장을 키우기 위해 수면의 욕구를 활용한 광고를 집행하여 성공하였다. 위닉스는 여름철 습기로 인해 잠을

■ 제품의 본질인 수면을 강조한 침대광고   ■ 습기의 문제를 수면과 연결한 제습기 광고

제대로 자지 못하는 소비자들이 많다는 사실을 발견하고 "불쾌함에 잠 못드는 밤도 뽀송하면 사라집니다"라는 메시지로 제습기가 필요한 이유를 제시하였다.

② 안전의 욕구

인간은 생리적 욕구가 충족되면 그 다음 안전을 추구한다. 안전의 욕구는 신체적, 감정적, 경제적 위험으로부터 보호받고 싶은 욕구이다. 이러한 안전의 욕구는 자동차, 식품 등의 광고에서 자주 활용되며 제품이 속한 카테고리가 안전과 관련한 이슈가 발생할 경우 효과는 커진다.

자동차는 생명과 직접적인 연관성이 있는 제품으로 안전이 매우 중요하다. 많은 자동차 브랜드는 안전성을 높이는 기술을 개발하고 이를 소구하는 광고를 한다. BMW는 야간운전의 위험성을 줄이고자 적외선 열화상 카메라를 사용하여 어두운 밤에도 사람이나 동물 등을 감지하여 알려주는 나이트 비전 시스템 Night Vision System 을 개발하여 광고하였다.

2016년 9월 경주 지진으로 지진 안전 문제가 화두로 떠올랐고 가스 등을 사용하는 보일러는 화재, 폭발 등 2차 피해를 낳을 수 있다는 우려가 있었다.

▌ 어두운 밤 전방의 물체를 감지할 수 있는 시스템을 강조한 BMW 자동차 광고

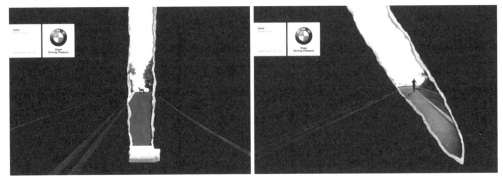

▌ 지진으로 안전의 욕구가 강력해진 상황에서 지진감지기술로 안전을 강조한 보일러

당시 귀뚜라미는 지진감지센서 기술을 강조한 광고를 통해 소비자의 안전 욕구를 충족시켰다.

③ 소속감과 사랑 욕구

소속감과 사랑 욕구는 누군가를 사랑하고, 사랑받고 싶은 욕구, 어느 한 곳에 소속되고 싶은 욕구, 친구들과 교제하고 싶은 욕구, 가정을 이루고 싶은 욕구 등이 여기에 해당된다.

정관장 홍삼은 광고에서 제품의 성분, 효능을 강조하는 대신 관계를 이야기 한다. 부모님을 생각하는 자식의 마음, 자식을 챙기는 부모의 마음을 전하는 방법으로써 정관장이 등장한다. 소중한 사람에게 마음과 사랑을 표현하고 싶다면 정관장이 필요하다는 메시지이다.

▌ 설날 명절 부모님댁 방문을 위해 준비한 정관장 선물 (좌),
  명절연휴가 끝나고 집으로 가는 딸을 위해 엄마가 준비한 정관장 (우)

④ 자아존중·존경 욕구

자존존중·존경의 욕구는 다른 사람으로부터 존경을 받고자 하는 욕구로 우리가 흔히 말하는 명예욕, 권력욕 등이 이 단계에 해당한다. 이는 내적으로 자존감과 자율을 성취하려는 욕구(내적 존경욕구)와 외적으로 타인으로부터 높임을 받고 싶고, 주목과 인정을 받으려 하는 욕구(외적 존경욕구)가 존재한다.

아모레퍼시픽 헤라HERA 는 언제 어디서나 당당한 자신감, 그리고 아름다움을 향한 끝없는 열정, 무한한 아름다움으로 전 세계를 사로잡고 있는 서울리스타 SEOULISTA 의 모습을 광고에서 보여준다. 서울리스타란, 글로벌 패션·화장 트렌드를 이끄는 '서울 여성'을 뜻하는 신조어다. 프랑스 파리지엔느Parisienne , 미국 뉴요커 Newyorker , 영국 런더너Londoner 등에서 착안한 것으로 아모레퍼시픽이 화장품 브랜드 '헤라' 마케팅에 처음 사용하였다.

▌ 도시를 빛나게 하는 자신감 넘치는 여자의 모습을 표현한 아모레퍼시픽 헤라 광고

오랜 시간 여성들의 영감의 원천이자 유행의 중심이었던 파리지엔느, 뉴요커, 런더너에 이어 새로운 뷰티 아이콘인 서울리스타는 내적인 자존감이 강한 사람일 뿐 아니라 세계적인 주목을 받는 대상이다. 이런 여성이 되고 싶다면 헤라^{HERA} 화장품을 사용하라는 메시지이다.

⑤ **자아실현의 욕구**

매슬로우는 최고 수준의 욕구로 자아실현의 욕구를 강조했다. 모든 단계들이 기본적으로 충족돼야만 이뤄질 수 있는 마지막 단계로 자기 발전을 이루고 자신의 잠재력을 끌어내어 극대화 하는 단계이다.

스포츠브랜드는 자아실현의 욕구를 통해 브랜드 철학과 스포츠 정신을 표현한다. 나이키^{NIKE} 의 "Just do it", 아디다스^{ADIDAS} 의 "Impossible is nothing", 언더아머^{UNDER ARMOUR} 의 "Rule Yourself"는 모두 자아실현의 욕구를 표현한 사례이다.

스포츠 브랜드 언더아머는 2016년 리우올림픽 시즌 국가대표 복귀를 선언한 마이클 펠프스^{Michael Phelps} 를 모델로 올림픽 출전을 위해 치열하게 훈련하는 모습을 광고에 담았다. Rule Yourself 캠페인에서 전달한 메시지는 "보이지 않는 곳에서의 당신의 노력이 빛을 발하게 될 것이다"로 자아실현의 욕구를 잘 표현하고 있다.

■ 수영 황제 마이클 펠프스를 통해 자아실현의 욕구를 표현한 스포츠브랜드 언더아머

(2) 소비자 라이프스타일 분석

① 라이프스타일의 정의

라이프스타일이란 개인이나 가족의 가치관 때문에 나타나는 다양한 생활양식, 행동양식, 사고양식 등 생활의 모든 측면의 문화적·심리적 차이를 전체적인 형태로 나타낸 말이다.

1960년대 초, 미국의 마케팅 학회에서 레이저 William Lazer 가 '라이프스타일은 사회 전체 또는 사회의 한 구성원들이 공통적으로 가지고 있는 타인과 구별되는 독특한 생활양식'이라고 정의하였다. 이후 엔젤 Engel 은 '사람이 살아가는 방식으로 개인이 구매하는 제품, 사용방법, 제품에 대한 느낌, 생각까지 포함하는 개념', 호킨스와 마더스바우 Hawkins & Mothersbaugh 는 '개인의 자아 표현이자 그들이 살고 있는 문화에 대한 결과로써 소비자 행동에 영향을 주는 특성이며 가족, 사회 등의 준거집단에 영향을 받아 형성된 개인의 가치체계'로 라이프스타일을 정의하고 있다.

광고기획에 있어 라이프스타일이 중요한 이유는 광고제품과 관련한 소비자의 태도와 욕구를 파악하고 시장을 세분화 할 수 있기 때문이다. 현대사회는 빠르게 변화하는 환경 속에서 소비자의 라이프스타일 또한 급격하게 변화하고 있다. 광고기획자는 이러한 변화 속에서 지속적으로 소비자 라이프스타일에 대한 관심을 가져야 한다.

② 라이프스타일 분석 방법

라이프스타일 분석 방법은 크게 거시적 분석 방법과 미시적 분석 방법으로 나누어질 수 있다. 거시적 분석은 분석의 대상이 되는 사회나 집단의 전체적인

▌ AIO의 정의와 측정 변인들

활동 (Activity)

소비자가 구매 또는 소비행위로 표출하는 행동양식은 직장생활이나 혹은 취미활동 등 그들이 시간을 소비하는 방법을 나타내는 활동

측정변인: 일, 취미활동, 사교활동, 휴가, 오락, 클럽활동, 지역사회 활동, 쇼핑, 스포츠 등

관심 (Interest)

소비자가 좋아하고 중요하게 여기는 것으로 특정 대상, 사건 또는 화제에 대해 강력하면서 지속적인 주의를 기울이는 정도

측정변인: 가족, 가정, 직업, 지역사회, 여가, 유행, 패션, 음식, 미디어 등

의견 (Opinion)

사람들이 그들 주위의 세상과 그들 스스로에 대한 생각으로 자기 자신과 타인, 환경 등에 대해 가지는 의견

측정변인: 자기 자신, 사회문제, 정치, 사업 및 기업 경영, 경제, 교육, 상품과 서비스, 미래 문화 등

라이프스타일 동향 파악에 그 초점이 있다. 거시적 분석의 예로 욕구 Needs, 가치 Values, 신념 Beliefs 에 따라 사회가 어떻게 변화하는지 파악하는 것이다.

미시적 분석은 라이프스타일의 이해를 통해 사회를 세분화하고, 사회를 구성하는 하위집단들의 특징들을 알아보고자 하는 데 그 목적이 있다. 이 분석은 특정 제품의 소유나 사용 여부, 기대 효용 또는 욕구의 정도 등을 라이프스타일 규정 변수들로 보고 이들에 따라 소비자들을 세분화된 집단들로 나누어 이해하기 위한 시도로 AIO 분석이 대표적이다.

AIO분석은 사람들이 어떤 활동 Activity 을 하며 그들의 시간을 소비하는가, 생활환경 요소들 중에서 중요하다고 관심 Interest 을 가지는 분야는 어떤 것인가, 소비자들은 자신들과 주위 여건들에 대해 어떤 의견 Opinion 을 갖고 있는가에 소비자의 라이프스타일이 반영된다고 보고있다. 따라서 AIO 분석은 일상의 활동(예: 여가활동, 구매활동, 스포츠 등), 주변 사물에 대한 관심(예: 가족, 의상, 음식, 미디어 등), 그리고 사회적·개인적 문제들에 대한 의견, 이 세 가지 차원으로 측정된다.

(3) 소비자 트렌드

트렌드란 사회적으로 나타나는 추세, 흐름을 의미하며 소비자의 심리가 반영되어 있다. 따라서 트렌드를 아는 것은 소비자의 심리적 경향을 아는 것이다.

▌ YOLO 라이프를 반영한 씨그램 광고

2018년 주요 트렌드 중 하나는 YOLO You Only Live Once 로 수많은 광고가 YOLO 라이프를 반영했다. 코카콜라 스파클링 브랜드 씨그램은 'YOLO 라이프 시대, 일상을 활기차게 즐길 수 있도록 만들어주는 브랜드'로 포지셔닝 하기 위해 교통 정체 속에서 답답함을 느낀 모델이 씨그램을 마시는 순간 거침없이 물살을 가르며 질주하는 라이더로 변신하는 모습을 보여준다.

또한, 1코노미 트렌드를 반영하듯 혼족들을 위한 제품과 광고도 눈에 띈다. 즉석밥 브랜드 CJ 햇반은 반찬까지 한꺼번에 해결할 수 있는 햇반컵반을 출시했고, 청정원은 혼술족을 겨냥해 집에서도 손쉽게 즐길 수 있는 안주 가정간편식을 출시했다. 오픈마켓 옥션은 1코노미를 주목해 혼자 떠나는 여행, 혼자 즐기는 문화, 혼자 먹는 밥과 술, 혼자 하는 노래·취미 등 총 4가지의 테마로 프로모션을 진행했다. 관련 제품을 특가로 판매 하면서 광고를 통해 '혼자가 더 좋을 땐, 어서옥션!'이라는 메시지를 전달했다.

이 밖에도 워라밸(일과 삶의 균형, Work and Life Balance) , 소확행(작지만 확실한 행복) 등 트렌드를 반영한 광고는 쉽게 찾아볼 수 있다. 광고에서 트렌드를 활용하는 이유는 트렌드 속에 소비자의 마음이 있고 공감이 있기 때문이다.

▌ 1코노미 트렌드에 맞추어 혼밥족, 혼술족을 겨냥한 가정간편식 햇반컵반 (좌) , 안주야 (우)

▌ 가까운 곳에서 하룻밤으로도 행복한 소확행 트렌드를 반영한 야놀자 광고 (좌)
　눈치 보지 않고 휴가를 떠나게 만드는 워라밸 트렌드를 반영한 진에어 광고 (우)

3) 신상품 수용 속도에 따른 분석

　소비자층을 신상품 수용 속도에 따라 분류하면 혁신층, 조기 수용층, 조기 다수층, 후기 다수층, 추종적 수용층 5단계로 구분할 수 있다.

(1) 혁신층 Innovator

　혁신층은 신상품을 제일 먼저 수용하는 집단으로 전체 시장의 2.5% 정도를 점하는 혁신적인 계층이다. 모험심이 강하고 남보다 앞서 새로운 것을 받아들이는 것을 즐기는 계층이다. 이들은 대체로 젊고 사회적 신분이 높은 편이며, 수입 면에서도 고소득자다. 또한 대체로 폭 넓은 사교관계를 유지하고 있다.
　이들은 인적판매나 구전보다는 비대인적 정보원에 의존하는 경향이 크기 때문에 홍보가 가장 유효한 설득커뮤니케이션 수단이 된다. 광고도 일부 사용되지만 기타 판매 촉진 전략은 사용하지 않는다.

▌ **신상품 수용 속도에 따른 소비자 형태**

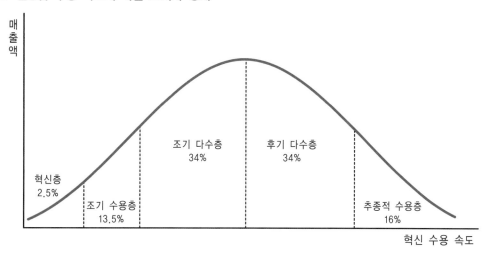

(2) 조기 수용층 Early Adopter

사회의 여론 주도층인 이들은 새로운 아이디어를 조기에 선별적으로 수용하고 전체시장의 13.5%정도를 차지하며 지역사회에서 존경받는 집단이다. 그렇기 때문에 신상품의 수용을 촉진하기 위해서는 이들에게 호감을 얻어야 한다. 이들에게는 다단계 판매 등 인적 판매가 가장 효과적이며 전시, 팜플렛, 카탈로그 등의 판촉물도 효과적이다. 홍보와 광고는 오피니언 리더에게 중요한 정보원이 되므로 혁신층과 이들 조기 수용층에 맞는 광고전략이 수립 · 실행되어야 조기 다수층과 후기 다수층의 신상품 수용에 영향을 미칠 수 있다.

(3) 조기 다수층 Early Majority

이들 집단은 전체시장의 34%를 차지하며 신중하지만 보통 사람들보다 먼저 신상품을 수용한다. 커뮤니케이션 수단으로는 매체를 통한 광고에 의존하는 경향이 높다. 또한 이들에게는 구전과 구매시점 광고가 효과적이다.

(4) 후기 다수층 Late Majority

이들 집단은 전체시장의 34%를 차지하며 보통사람들보다 늦게 신상품을 수용한다. 후기 다수층은 "신상품이라고 내놓고는 계속 값만 올리는군!"이라는 생각을 가진 회의주의자들이 많은 집단이다. 그래서 이들은 신상품의 효용이 입증되지 않는 한 결코 수용하지 않는다. 이들은 조기 수용층이나 조기 다수층으로부터 정보를 추구하며 광고와 인적판매, 홍보 등에는 별로 효과를 기대하기 어렵다. 오히려 샘플링이나 쿠폰, 가격인하 등의 판촉수단이 유용하다.

(5) 추종적 수용층 Laggard

이들은 남들이 다 구매한 뒤에 신상품을 수용하는 보수적인 사람들로 전체시장의 16% 정도를 차지한다. 이들은 혁신적인 것이나 신상품에 대해 의혹을 갖고 있어서 쉽게 상품을 수용하지 못한다. 대체로 노인층이나 사회·경제적 지위가 비교적 낮은 사람들이 속한 집단이다. 이 집단이 신상품을 구입할 때쯤이면 혁신층에서는 또 다른 새로운 것을 추구하여 새로운 유행을 창출한다. 게다가 이들 집단은 어떤 판매 촉진 수단도 잘 받아들여지지 않기 때문에 마케팅 비용은 적게 드는 편이다.

4) 소비자의 구매 및 사용행동 분석

(1) 소비자의 구매결정 과정[5]

소비자행동을 연구하는 학자들은 소비자들이 상품을 구매하는 과정을 몇 개의 개별적인 행위의 집합이 아닌 하나의 과정으로 보고 있다. 이들에 의하면 소비자가 상품을 구입하는 과정은 실제의 구매행위 훨씬 이전에 그가 구매의 필요성을 느낄 때부터 시작해서 구매를 한 후 그의 행동까지 포함한다는 것이다. 특히 이러한 관점은 비싸거나 관여도가 높은 상품 High-involvement Product 을 구입할 때 더욱 적합하다고 본다. 또한 이 관점은 광고기획자로 하여금 소비자의 구매결정 보다는 구매과정에 초점을 맞추게 하는 이점이 있다.

소비자 구매 과정 모델은 다음과 같다

---

5 유필화·김용준·한상만, 『현대 마케팅론』, 제8판(박영사, 2012)

▌ 소비자 구매 과정 모델

| 문제인식 | → | 정보탐색 | → | 대안평가 | → | 구매결정 | → | 구매 후 행동 |

제1단계: 문제의 인식

소비자는 실제 상태와 바람직한 상태 간에 차이를 지각하게 될 때 욕구를 느끼게 된다. 이러한 욕구의 인식이 소비자 구매의사 결정과정을 유발시키는 동기가 되는 것이다. 여기에서 욕구의 인식은 문제의 인식으로 이해될 수 있고, 이러한 욕구를 충족시키기 위하여 구체적 대안을 선택하는 과정을 문제의 해결이라고 할 수 있다.

제2단계: 정보의 탐색

소비자가 욕구를 인식하면 다음 단계는 각종 정보의 수집이다. 흔히 소비자는 어떤 제품이 시중에 있는지 모르니까 정보탐색은 주로 욕구를 충족시킬 수 있는 제품이나 서비스를 찾는데 집중이 된다. 소비자가 정보를 탐색하는 정도에 따라 제품을 구분하면 탐색재와 경험재로 나누어 볼 수 있다. 자동차, 노트북과 같은 고관여 제품은 소비자가 여러 가지 원천에서 많은 양의 정보를 수집할 것이다. 이와 같은 제품을 탐색재 라고 한다. 반면에 치약이나 아이스크림처럼 싸고 자주 구입하는 소비재의 경우는 소비자가 정보탐색을 하기 전에 일단 구매하여 사용해본 후 제품에 대한 평가를 내리는 경향이 있다. 이와 같은 제품을 경험재 라고 한다. 기업은 자사의 제품이 탐색재인가 경험재인가에 따라서 정보의 제공방법과 제공하는 정보의 양을 달리해야 한다.

경우에 따라서 어떤 소비자들은 한 브랜드만을 충실히 계속 구입한다. 우리는 이러한 현상을 설명할 때 브랜드선택에 있어서 다양성을 추구 Variety Seeking 하는 소비자들에 비해 정보의 탐색 정도가 낮다고 한다. 반면에 다양한 브랜드를 추구하는 소비자들은 여러 종류의 정보를 탐색하고 많은 양의 정보를 요구한다.

우리는 소비자의 정보탐색활동을 보통 내적 탐색과 외적 탐색으로 분류한다. 내적 탐색이란 기억 속에 저장되어 있는 정보 중 의사결정을 하는 데 도움이 되는 정보를 기억 속에서 끄집어내는 과정을 말한다. 내적 탐색의 결과가 만족스러우면 소비자는 구매과정에서 다음 단계로 나아가고 그렇지 않으면 외적 탐색을 하게 된다. 외적 탐색이란 자기의 기억 이외의 원천으로부터 정보를 탐색하는 활동을 말한다.

어떤 소비자가 내적 탐색의 방법으로 탐색할 때, 그의 머릿속에 떠오르는 브랜드들을 환기브랜드군Evoked Set 이라 한다. 경험재의 경우 각 제품군의 환기브랜드군의 수는 평균 3~4개다. 그리고 환기브랜드군과는 달리 소비자가 외적 탐색을 하는 경우 외적 탐색으로 인하여 추가되는 브랜드와 환기브랜드군을 합하여 고려브랜드군Consideration Set 이라 한다.

제3단계: 대안의 평가

정보탐색의 결과 소비자는 몇 개의 브랜드로 구성된 고려브랜드군을 형성하고, 이들 각 브랜드를 평가하게 된다. 시중에 브랜드가 많다 하더라도 실제로 소비자가 고려하는 브랜드의 수는 평균 3~4개 정도인 것으로 알려져 있다. 소비자들은 이렇게 선정된 고려브랜드 대안 중에서 최종 브랜드를 고르기 위한 대안평가를 한다. 집이나 승용차와 같은 고관여 상품의 경우 평가기준의 수가 상대적으로 많고, 화장지, 세탁제 등의 생활용품과 같은 저관여 상품의 경우 평가기준의 수가 상대적으로 적다. 일반적으로 소비자가 대안 평가시 사용하는 평가기준은 6개 이하인 것으로 알려져 있다.

제4단계: 구매결정

소비자들이 어떤 상품에 대한 평가를 좋게 하고 그 제품을 구매하게 되는 경우가 더 많겠지만, 소비자는 그 제품에 대한 평가를 좋게 했음에도 실제 그 제품을 구매하지 않는 경우도 있고, 그 제품에 대한 평을 매우 나쁘게 했음에도 그 제품을 구매하는 경우가 있는 것으로 나타났다. 이와 같이 제품에 대한 태도는 많은 경우 소비자들의 구매행동에 대한 설명력이 의외로 낮은 것을 말해준다.

이렇게 소비자들의 제품에 대한 태도와 구매행동이 일치하지 않는 경우를 살펴보자.

- 소비자들의 제품에 대한 선호도가 반드시 최종적인 구매로 연결되지 않는 가장 큰 이유로 예기치 못한 상황요인을 들 수 있다. 왜냐하면, 소비자가 선호하는 브랜드가 상점에 없어서 다른 브랜드를 살지도 모르고, 혹은 덜 선호되는 브랜드가 대폭으로 할인 판매되고 있어 그 브랜드를 살지도 모른다. 이렇게 최종적인 구매결정은 예기치 못한 상황요인에 의해 많이 좌우된다.
- 피쉬바인Fishbein 은 그의 원래 모델을 더욱 발전시켜 확장된 피쉬바인 모델을 제시하였다. 확장된 피쉬바인 모델에서는 제품 자체에 대한 태도보다는 그 제품

을 구매하는 것을 주위의 준거집단이 어떻게 평가하는가가 구매행동에 직접적으로 영향을 미친다는 것을 밝혔다. 예를 들어, BMW 승용차가 매우 마음에 들지만(제품에 대한 태도) BMW를 구입하면 주위사람들의 인식이나 높은 차량가격 때문에 구매가 합리적이지 않다고(구매행동에 대한 태도) 결론짓고 국산 승용차를 구입하는 것이다.

- 태도의 인출가능성Attitude Aaccessibility도 태도와 구매행동의 불일치를 설명하는 중요한 개념이다. 아무리 호의적인 태도가 형성되어 기억에 저장되었더라도 최종 구매시점에서 호의적인 태도가 기억으로부터 인출되지 않으면 구매행동에 영향을 미치지 못하므로 태도와 구매행동 간의 불일치가 일어날 수 있다는 것이다.

이상에서 살펴본 바와 같이 최종적인 구매결정은 상황적인 요인, 구매행동의 결과에 대한 준거집단의 평가, 그리고 태도의 인출가능성에 의해 많이 좌우되므로, 대안 평가에 의거한 구매의향은 잠정적인 구매결정으로 보아야 할 것이다.

제5단계: 구매 후 행동

제품을 사서 써 본 다음에 소비자는 그 제품에 대해서 만족을 하거나 불만을 갖게 된다. 어느 정도 만족을 하느냐는 대체로 그가 그 제품에 대해서 기대했던 것과 지각된 제품성과가 얼마나 부합하느냐에 달려 있다.

소비자는 제품에 대한 기대와 제품의 성과가 일치하면(높은 기대/높은 성과 혹은 낮은 기대/낮은 성과) 그가 그 제품에 대해 본래 갖고 있던 감정이 더 강화된다. 이 경우 대체로 소비자의 반응은 강하지 않다. 그러나 제품에 대한 기대가 어긋나면 소비자들은 강한 반응을 보이는 경향이 있다. 제품의 성과가 기대했던 바에 못 미치면 그 제품은 객관적인 기준에 의한 것보다도 더 악평을 받기가 쉽다(이건 못 쓰겠어!). 반면에 기대했던 것보다 제품의 성과가 더 좋으면 그 제품은 과대평가 되는 수가 많다(이건 정말 근사한데!). 따라서 회사는 자사제품에 대한 필요 이상의 기대감을 불러일으키면 안 된다(높은 기대감/낮은 성과의 경우). 이런 의미에서 과장광고는 절대금물이다.

한편, 소비자는 자신의 구매결정에 대한 일종의 심리적 갈등을 느낄 수 있다. 자신이 구매한 브랜드가 다른 대안들보다 더 나은 것인가에 대한 확신이 없는 경우, 소비자들은 '구매 후 부조화'라는 심리적 갈등을 겪는다. 이럴 경우, 가까운 친지나 판매원, 혹은 광고 등을 통해 자신의 결정에 확신을 갖게 되면 구매 후 부조화가 감소되어 만족으로 연결되고, 그렇지 못한 경우에는 불만족으로 연결된다. 불만을 느낀 소비자들은 그들 자신이 다음부터 똑같은 브랜드를 사지 않을 뿐 아니라 그 브랜드에 대한 불평을 다른 사람들에게 털어놓아 다른 소비자들의 구매결정에도 좋지 않은 영향을 끼친다.

반면에 제품의 지각된 성과가 기대했던 것보다 좋거나 기대했던 만큼 좋으면 (높은 기대/높은 성과, 낮은 기대/높은 성과), 그들은 다음 기회에 그 제품(브랜드)을 다시 살 확률이 매우 높으며 그 제품과 그 제품을 만든 회사에 대해서 좋은 소문을 퍼뜨린다. 어느 마케팅학자는 "최선의 광고는 만족하고 있는 고객이다. Our best advertisement is a satisfied customer."라고 말한 바도 있다.

(2) AIDMA와 AISAS 이론

AIDMA이론은 대표적인 구매행동 이론으로 광고효과의 심리적 단계를 보여준다. 소비자들은 먼저 광고에 주목 Attention 하고, 흥미 Interest 를 일으키고, 다시 욕망 Desire 을 일으켜 그 상품명을 기억 Memory 시킴으로써 구매 행동 Action 을 한다.

하지만 광고환경이 변화하면서 2005년 일본의 광고대행사 덴츠는 소비자들의 새로운 구매 행동을 AISAS Attention-Interest-Search-Action-Share 라는 구매 패턴 모델로 정의하였다. AIDMA이론이 오프라인 환경에 적합한 전통적 커뮤니케이션 효과 모델이라면 디지털 시대에는 인터넷이나 모바일을 얼마나 잘 활용하는가가 매우 중요해짐으로써 이전 모델에 '검색'과 '공유'의 개념이 추가된 "AISAS[6]의 5단계 모델"로 대체되고 있다.

AISAS 모델에서 주목해야 할 점은 Search(검색)와 Share(공유)이다. 이제 소비자들은 TV광고만으로 상품을 구매하지 않는다. 구매 전 인터넷이나 모바일 검색을 통해 정보를 얻고 구매 후에는 후기를 통해 정보를 공유하며 공유한 정보는 다시 또 다른 소비자에 의해 검색된다.

검색 시 제품에 관한 정보가 부족한 경우 구매로 연결되지 않기 때문에 온라인 기사, 블로그, 페이스북, 인스타그램, 유튜브, MCN Multi Channel Network, 1인 방송 창작자들을 종합적으로 관리하는 인터넷 방송 서비스 등 다양한 수단을 통해 제품에

---

6 AIDMA의 발전된 형태로, 일본의 아키야마 류헤이가 자신의 저서 『홀리스틱 커뮤니케이션』을 통해 처음 주장하였다.

▎ AIDMA 이론

▎ AISAS 이론

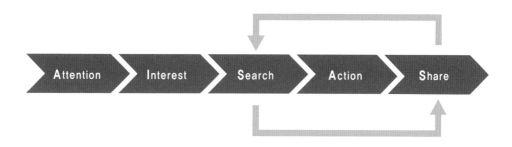

관한 정보를 노출시키는 것이 중요하다. 또한 구매 후 만족을 주지 못할 경우 부정적 정보가 공유될 수 있으므로 광고뿐만 아니라 실질적인 제품과 서비스 측면에서 소비자 만족도를 높이는 것이 중요하다.

03.
제품
분석

제품분석은 광고하고자 하는 제품의 특장점을 파악하기 위한 필수 단계이다. 이 특장점은 다른 제품은 제공할 수 없는 차별화되고 특별한 것이어야 하며, 소비자를 구매로 연결시킬 수 있는 강력한 것이어야 한다. 제품분석에서는 제품수명주기에 따른 전략과 함께 제품의 특장점과 편익을 찾는 방법에 대해 살펴보기로 하자.

1) 제품수명주기 Product Life Cycle 에 의한 전략

제품수명주기란, 하나의 제품이 시장에 도입되어 쇠퇴하기까지 과정을 의미한다. 제품도 사람처럼 세상에 태어나, 성장하고, 성숙기를 거치다 결국 쇠퇴하여 시장에서 사라진다. 하지만, 제품은 사람의 일생과 같지는 않다. 어떤 제품은 쇠퇴하지 않고 지속적으로 성숙기를 유지하기도 하고, 재성장을 하기도 한다.

▌ **제품 수명 주기의 단계**

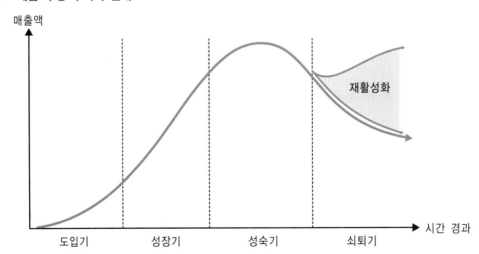

따라서 마케터와 광고기획자는 각 단계별 특성을 이해하고 상황에 맞는 전략을 전개해야 한다.

(1) 도입기 | Introduction

이 시기 소비자는 제품을 사용해 본 경험이 없으며 광고는 브랜드 인지도 제고를 위해 활용된다. 광고는 단순히 브랜드명을 알리는 것에 그치는 것이 아니라 제품이 지니고 있는 기본적 기능과 소비자 편익^{Benefit}을 알리는데 주안점을 둬야 한다.

(2) 성장기 | Growth

신상품 출시 이후 경쟁상품이 늘어남으로써 판매 경쟁이 격화되고 자사 상품만의 독자성과 우월성을 강조한 차별화 전략이 시도되는 시기다. 광고는 상품 특성을 고지하거나 소비자 침투율을 높이고자 실시한다. 성장기는 시장 성장이 지속되도록 하기 위해 상품의 품질을 개선·향상시키고, 상품의 효용과 모양을 추가한다. 또는 진출할 새로운 세분시장을 모색하거나 판매 개척을 위해 새로운 유통 경로를 발견해내기도 한다. 그리고 가격 탄력이 높은 소비자의 구매유도를 위해 가격인하를 고려해보고 광고카피의 소구점을 '상품인지'에서 '상품확신·구매'를 하도록 변경한다.

(3) 성숙기 | Maturity

성숙기의 단계는 도입기, 성장기에 비해 오래 지속되는 것이 일반적이다. 대부분의 잠재고객이 상품을 사용해 보았으므로 브랜드간 브랜드 스위치를 위한 경쟁이 치열해진다. 이때에는 차별화 광고를 하는 것이 바람직하다. 성숙기를 세분하면 성장 성숙기, 안정 성숙기, 쇠퇴 성숙기로 구분할 수 있다.

우선, 성장 성숙기에는 판매 성장이 둔화되면서 성장기에서 성숙기로 이행을 하는 단계다. 안정 성숙기는 대부분의 잠재고객이 상품을 사용해보았고, 이제부터의 판매는 인구성장과 대체 수요에 의해 좌우된다. 마지막으로 쇠퇴 성숙기는 판매의 절대수준이 하락하고 곧 쇠퇴기에 이르게 될 전단계다. 이때 기업은 대안이 없다고 판단하고 성숙상품을 쉽게 포기하고 신상품 출시에 투자하게 되는데,

이는 신상품의 낮은 성공률과 기존 상품의 높은 잠재력을 무시하는 결정이 되기도 하기 때문에 신중하게 결정해야 한다. 쇠퇴 성숙기에는 아래에 있는 3개의 전략 가운데 하나를 적용하여 재성장을 기대해볼 수 있다.

- 첫째, 시장 수정 전략이다. 소비자를 변화시키는 것을 의미하는 이 전략은 사용자의 사용빈도, 사용량, 사용법, 사용용도를 증가시키고, 시장을 더욱 세분화시키거나 타겟층에 변화를 주어 비사용자를 사용자로 유도하는 것이다.
- 둘째, 상품 수정 전략이다. 상품의 품질, 특성이나 스타일을 개선하는 전략이다.
- 셋째, 마케팅 믹스 수정 전략이다. 상품이나 모델을 다양화시키고, 경쟁대응 가격전략을 펼치거나 집약적 유통을 실시한다. 이렇게 해서 대대적인 판촉 전략을 수립한다. 즉, 유명 브랜드이면서 상품이 좋고 소비자 혜택도 많고 상대적으로 가격도 싸다고 생각하게끔 하는 것이다.

(4) 쇠퇴기 | Decline

쇠퇴기의 원인은 기술변화, 소비자 기호의 변화, 국내 경쟁의 격화를 들 수 있다. 쇠퇴기의 상품은 대개 관리비용만 들 뿐 수익성은 악화된다. 이런 쇠퇴기의 대응전략은 수익성 적은 유통은 폐쇄하고 선택적 유통전략을 수립하며, 가격을 인하하거나 판촉비용 감소를 위해 충성 고객을 유지하는 정도로만 관리한다.

2) 제품 USP와 편익

(1) 제품 USP와 편익의 의미

제품이 경쟁 제품에 비해 우월한 장점을 지니고 있다면 가장 효과적인 광고전략은 제품 그 자체이다. USP Unique Selling Proposition 는 1950년대 미국의 광고대행사 테드 베이츠 Ted Bates 를 설립했던 로서 리브스 Rosser Reeves 가 주장한 개념으로 제품판매에 가장 도움이 되는 것은 눈에 띄는 광고카피나 멋진 이미지보다는 제품 판매에 직접 도움이 되는 USP라고 하였다.

USP는 경쟁제품에서는 제공할 수 없는 '독특한 판매 제안'을 의미하며 제품에 대한 철저한 분석을 통해 발견할 수 있다. USP는 제품의 성분, 생산과정, 유통

▍ 테팔 매직핸즈
매직핸즈라는 제품의 USP를 '주방정리의 편리함'이라는 소비자 편익으로 소구

등 제품을 구성하는 모든 과정에서 발견될 수 있다. 이러한 USP의 발견과 함께 중요한 것은 해당 USP가 소비자에게 왜 중요한지를 발견하는 것이다. 테팔 매직핸즈의 USP는 '자유롭게 떼었다 붙였다 할 수 있는 손잡이'이고, 이러한 기능이 소비자에게 중요한 이유는 '주방 정리가 편리해지기 때문'이다.

(2) USP전략의 요건

USP전략은 다음과 같은 조건이 충족될 때 성공할 수 있다.

첫째, 구체적인 제품 편익^{Benefit}을 제시할 수 있어야 한다. 편익이란, 소비자가 제품 구매를 통해 얻는 물리적 또는 심리적 이익이나 혜택을 의미한다. 스타벅스가 주는 물리적 편익은 '맛있는 커피'이지만 심리적 편익은 '편안하고 자유로운 공간'이 될 수 있다. 편익은 물리적/실용적 편익, 감각적 편익, 사회적 편익, 자아만족적 편익으로 나누어 볼 수 있다.

- 물리적/실용적 편익 : 시간과 노력의 감소, 편리함 등
- 감각적 편익 : 풍부한 맛, 부드러운 촉감 등
- 사회적 편익 : 가족·친구·동료로부터의 인정, 사회적 교제 등
- 자아 만족적 편익 : 자존감, 성취감 등

둘째, 제품 편익은 경쟁 브랜드에는 존재하지 않거나, 그들이 사용하지 않는 독특한 것이어야 한다. 리브스는 USP가 없는 제품은 제품을 개선해야만

▌ 기아자동차 모닝

'2열 풀플랫(Full Flat)의 여유로운 공간'이라는 USP를 '공간 활용의 편리함'이라는 편익으로 소구

▌ 르노 SM6

자동차의 컬러인 '보르도 레드'라는 USP를 '강력하고 인상적인 자동차'라는 편익으로 소구

▌ 기아자동차 카니발

많은 사람들이 탈 수 있고, 많은 짐을 실을 수 있는 '미니밴'이라는 USP를 '가족의 특별한 경험을 주는 자동차'라는 편익으로 소구

▌ 현대자동차 싼타페

경쟁 SUV와 차별화되는 USP는 존재하지 않지만 '이 순간을 즐길 수 있게 만들어 주는 자동차'라는 차별화된 편익 제시

하고, 개선이 어려운 경우 광고할 제품으로 적당하지 않다고 주장했다. 하지만, USP가 없더라도 소비자 편익의 차별화를 통해 광고를 전개할 수 있다.

셋째, 편익은 소비자의 구매를 유도할 수 있을 만큼 강력한 것이어야 한다. 우리 제품만 가지고 있는 특징이라 하더라도 소비자에게 필요한 특징이 아닌 경우 그 제품의 USP는 무의미해진다.

04.
경쟁
분석

시장에는 많은 브랜드가 소비자의 선택을 받기 위해 경쟁한다. 수많은 브랜드와 경쟁하는 과정 속에서 소비자 인식이 형성되고 경쟁 브랜드의 마케팅 활동은 자사 브랜드의 인식과 매출에 영향을 미친다. 결국, 하나의 브랜드가 소비자에게 인식되고, 사랑받고, 선택되기까지 경쟁 환경은 소비자와 제품만큼이나 중요하다.

경쟁분석에서 가장 중요한 것은 '경쟁구도는 소비자 인식과 행동으로 결정된다'는 것이다. 일반의약품에 속하는 수면유도제의 경쟁자가 꼭 수면유도제인 것은 아니다. 소비자가 편안한 수면을 위해 약이 아닌 침구, 마시는 차 등을 선택한다면 고려해야 할 경쟁자에는 이들도 포함 될 것이다. 경쟁자를 어떻게 정의하느냐에 따라 광고전략이 달라진다.

따라서 경쟁 브랜드는 어떤 브랜드로 정의할 것인지, 경쟁 브랜드는 어떤 마케팅 활동을 하는지, 경쟁 브랜드의 강점과 약점은 무엇인지, 소비자는 경쟁 브랜드에 대해 어떻게 인식하고 행동하는지 등 철저한 분석을 통해 차별점을 발견하고 전략을 수립해야 한다.

1) 경쟁분석의 항목

광고뿐만 아니라 전반적인 마케팅 현황 분석을 통해 경쟁사가 어떤 노력을 하는지 분석해야 하며 특히 차별화된 광고전략 수립 및 크리에이티브를 위해서는 경쟁사의 광고내용을 구체적으로 분석해야 한다.

(1) 총 마케팅 비용은 어느 정도이고 그 구성비는 어느 정도인가?

- 광고비 vs. 기타 마케팅 비용
- 계절별, 브랜드별

(2) 광고비 사용 현황은 어떠한가?

- 업계 총 광고비
- 연도별 광고비
- 브랜드별 광고비
- 매체별 광고비
- 월별 광고비
- 지역별 광고비
- 매출액 대비 광고비
- 경쟁사 예상 광고비

(3) 주요 광고전략은 어떠한가?

- 타겟 그룹
- 광고목표
- 약속과 근거, 광고콘셉트
- 포지셔닝

(4) 주요 크리에이티브 전략은 어떠한가?

- 핵심 비주얼 Key Visual
- 핵심 카피 Key Copy
- 슬로건
- 모델
- 전반적인 분위기

(5) 광고 외 기타 마케팅 활동은 어떠한가?

- 가격전략
- 유통전략
- 이벤트
- PR
- 프로모션

▌ 브랜드 인지도 피라미드

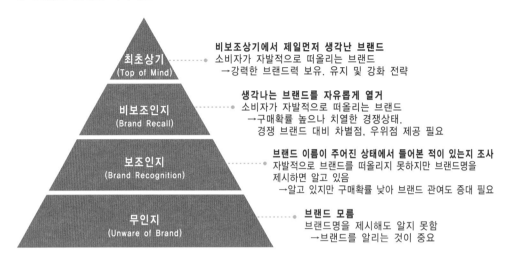

최초상기 (Top of Mind) — **비보조상기에서 제일먼저 생각난 브랜드** 소비자가 자발적으로 떠올리는 브랜드 →강력한 브랜드력 보유. 유지 및 강화 전략

비보조인지 (Brand Recall) — **생각나는 브랜드를 자유롭게 열거** 소비자가 자발적으로 떠올리는 브랜드 →구매확률 높으나 치열한 경쟁상태. 경쟁 브랜드 대비 차별점. 우위점 제공 필요

보조인지 (Brand Recognition) — **브랜드 이름이 주어진 상태에서 들어본 적이 있는지 조사** 자발적으로 브랜드를 떠올리지 못하지만 브랜드명을 제시하면 알고 있음 →알고 있지만 구매확률 낮아 브랜드 관여도 증대 필요

무인지 (Unware of Brand) — **브랜드 모름** 브랜드명을 제시해도 알지 못함 →브랜드를 알리는 것이 중요

(6) 브랜드 인식은 어떠한가?

• 브랜드 인지도

  - 최초상기도 Top Of Mind : 소비자가 여러 경쟁 브랜드 중 가장 처음 떠올리는 브랜드

  - 비보조인지도 Unaided Awareness/Brand Recall : 한 제품 범주 내 자발적으로 떠올리는 모든 브랜드

  - 보조인지도 Aided Awareness/Brand Recognition : 한 제품범주 내 여러 브랜드를 제시한 후 소비자가 알고 있는 브랜드

• 브랜드 호감도

• 브랜드 이미지

2) 경쟁분석의 범위

보통 광고전략 수립 시 고려되는 경쟁사는 동일 제품군 내 브랜드이다. 예를 들어, 서울우유의 경쟁자는 매일우유, 남양우유가 일반적이다. 하지만 우유를 마시는 욕구를 충족시켜주는 다른 제품군이 있다면 그것 또한 경쟁자가 될 수 있다. 경쟁분석의 일반적인 범위는 다음과 같다.

(1) 브랜드경쟁

• 세분화된 동일 제품군 내 직접적 경쟁
• 컵커피 브랜드 경쟁 : 카페라떼, 프렌치카페, 바리스타, 커핑로드

(2) 종류경쟁

• 확장된 제품군 내 경쟁
• 커피 경쟁 : 컵커피, 캔커피, 편의점 즉석원두커피, 커피전문점

(3) 일반경쟁

• 특정 욕구를 해결하기 위한 제품군 간 경쟁
• 음료 경쟁 : 커피, 에너지음료, 주스, 탄산음료

(4) 욕구경쟁

• 소비자가 지닌 욕구를 충족시킬 수 있는 다양한 방법
    - 피로회복, 친구와의 사회화, 개인적 여유/휴식, 맛 추구, 개성표현
• 다양한 영역으로 확장하여 경쟁 분석
• 피로회복 : 운동, 홍삼, 수면

3) 경쟁분석의 기준

경쟁분석에서 가장 일반적인 기준이 되는 것은 시장 점유율Market Share 이다. 시장 점유율은 제품에 대한 호감도뿐만 아니라 유통, 가격, 판촉 등 다양한 요인이 영향을 미치며, 점유율이 높다는 것은 시장에서 가장 경쟁력이 있는 제품이라고 할 수 있다. 하지만 시장 점유율이 반드시 고객 선호도, 호감도를 의미하는 것은 아니며 고객의 마음 점유율, 일상 점유율을 높임으로써 시장 점유율을 높이는 것에 대한 관심이 높아지고 있다. 따라서 시장 점유율뿐만 아니라 고객의 마음 점유율Mind Share , 일상 점유율Life Share 에 대한 이해와 활용이 필요하다.

(1) 시장 점유율 Market Share

시장 점유율이란 어떠한 브랜드의 매출액이 해당 시장에서 얼마만큼의 비율을 차지하고 있는지 보여주는 숫자로 브랜드의 경쟁순위를 보여주는 개념이다. 예를 들어 1조원 규모의 시장에서 4000억 원의 매출을 기록하고 있다면 해당 브랜드의 시장 점유율은 40%가 되는 것이다.

이러한 시장 점유율은 치열한 경쟁 관계 속에서 지속적으로 변화한다. 시장 점유율은 100%라는 숫자를 놓고 싸우는 게임과도 같기 때문에 기업은 시장 점유율을 빼앗기지 않으면서 경쟁자의 시장 점유율을 빼앗기 위해 끊임없이 노력한다. 때로는 시장 점유율을 올리기 위해 광고, 가격할인, 이벤트 등 마케팅 비용이 과다하게 지출될 경우 시장 점유율은 오르는 반면 수익성은 저하되는 경우가 발생되기도 한다.

시장 점유율 1등 기업은 단순히 시장 점유율을 높이는 것이 아니라 시장의 크기를 키우는 전략이 필요하다. 제한된 시장에서 점유율을 뺏고 뺏기기 보다는 시장의 파이를 더욱 크게 확장시킨다면 1위 브랜드를 중심으로 시장 전체의 매출을 키울 수 있기 때문이다.

(2) 마음 점유율 Mind Share

마음 점유율이란 소비자의 마음속에 브랜드나 기업이 차지하고 있는 비율이다. 예를 들어 '우유 하면 어떤 우유가 생각나느냐?'는 질문에 55%가 S우유라고 응답했다면 S우유의 마음 점유율은 55%가 되는 것이다. S우유의 시장 점유율이 40%라면 S우유는 시장 점유율 대비 더 큰 브랜드 자산을 가지고 있고 추후 이러한 고객의 태도는 시장 점유율로 연결될 가능성이 높다. 반면 마음 점유율이 시장 점유율보다 낮은 경우 해당 브랜드는 문제점을 지니고 있고 중장기적으로 매출 하락이 나타날 수 있다.

소비자의 마음 점유율은 브랜드의 건강 상태를 진단하는 척도라 할 수 있다. 가격할인, 유통전략 등을 통해 시장 점유율을 높일 수는 있지만 마음 점유율을 높이는데 한계가 있다. 마음 점유율은 소비자가 필요로 하는 것을 발견하고 그것을 제공할 때 높아지는 것이다.

아웃도어 브랜드 네파는 '지금. 당신, 어디? MOVE NOW'라는 슬로건과 함께 '네파는 당신이 이 광고를 보고 있길 원하지 않습니다'라는 카피를 통해 실내에 있지 말고 밖으로 나가 자연을 즐기라는 메시지 전달

(3) 시간 점유율 Time Share / 일상 점유율 Life Share

경쟁을 분석할 때 고객 라이프스타일 관점에서 동일 제품군을 넘어 타 제품군까지 경쟁을 고려한다. 시간 점유율과 일상 점유율에서 가장 중요한 것은 '소비자가 무엇을 하며 시간을 보내느냐'이다. 모든 사람들에게 주어진 하루 시간은 24시간이며, 1년은 365일이다. 사람들이 이 시간을 어떻게 보내느냐에 따라 기업의 상품과 서비스의 매출이 달라질 수 있다.

캠핑 등 아웃도어 활동이 활발해지면서 많은 아웃도어, 캠핑 제품 시장이 폭발적으로 성장했다. 많은 브랜드들은 경쟁사 대비 자사 제품의 장점을 알리기 위해 광고를 하면서 시장 점유율과 마음 점유율을 높이기 위해 경쟁한다. 이 상황에서 아웃도어 A브랜드의 경쟁자는 아웃도어 B, C브랜

▌ 체류형 쇼핑테마파크 스타필드
쇼핑공간과 함께, 맛집, 스포츠, 영화 등 즐기고 체험할 수 있는 공간을 결합하여 고객이 머무르는 시간을 최대화시키고 있는 라이프 셰어(Life Share) 기업 신세계그룹

드가 되는 것이다.

하지만 시간 점유율, 일상 점유율 관점에서 바라보면 아웃도어 A브랜드의 경쟁자는 게임, 영화, 휴대폰, 쇼핑, TV 등 다양해진다. 나에게 주어진 주말 이틀 동안 게임을 하고, TV를 보고, 영화를 보고, 쇼핑을 한다면 아웃도어 활동을 할 수 없기 때문이다.

시간 점유율, 일상 점유율 관점에서 기업은 제한된 고객의 시간을 우리 기업의 상품과 서비스와 관련한 활동을 하며 보내도록 설득한다. 고객이 주로 시간을 보내는 영역의 브랜드가 된다는 것, 고객의 일상과 밀접한 연관성이 있는 브랜드가 된다는 것은 그만큼 매출을 올릴 수 있고 성장 가능성이 높은 브랜드가 되는 것이다.

4) 시장위치에 따른 전략

자사 브랜드가 시장에서 어떤 위치에 속해 있느냐에 따라 마케팅 전략은 달라져야 한다. 시장위치에 따른 전략에서는 선두주자와 추격자에게 필요한 전략에 대해 살펴보도록 한다.

(1) 선두주자의 전략

마케팅의 바이블이 된 『마케팅 불변의 법칙』(알 리스, 잭트라우트 지음)에서는 '잠재고객의 기억을 지배하는 브랜드는 가장 좋은 브랜드가 아니라 맨 먼저 나온 브랜드'라고 이야기 한다. 한마디로 대부분의 1등 브랜드는 시장을 만들어 낸 첫 번째 브랜드일 가능성이 높다.

선두주자의 위치가 절대적일 경우 2위, 3위와 경쟁할 것이 아니라 시장을 키우는 전략이 필요하다. 예를 들어 참치시장의 1위 브랜드 동원참치는 2위 대비 장점을 소구하지 않고 다른 식품 대비 참치의 우수성을 알리기 위해 노력해왔다. 경쟁의 관점을 브랜드 경쟁에 두지 않고 더 폭넓게 식품으로 바라보고 있는 것이다. 또한 마요네즈 1위 브랜드 오뚜기는 시장을 키우기 위해 '소스를 넘어 요리를 하다'라는 메시지로 마요네즈의 사용방법을 확장시키기 위해 노력한다.

한편, 1위는 지속적으로 2위로부터 공격을 받는다. 이 때 1위의 전략은 2위와 동일한 혜택으로 경쟁하는 것이 아니라 자신만의 고유한 콘셉트를 지속적으

▌ 동원참치 '바다에서 온 건강' 캠페인
닭, 소, 돼지 등 다양한 동물들이 참치를 부러워하는 광고를 통해 참치의 우수성 전달

■ 오뚜기 마요네즈 '소스를 넘어 요리를 하다' 캠페인
마요네즈 시장의 파이를 키우기 위해 마요네즈의 다양한 사용방법 제시

로 강화하는 것이다. 스팸은 오랫동안 캔 햄 1위 브랜드 자리를 지키고 있지만 많은 경쟁 브랜드들은 스팸의 단점인 '짠맛'을 공격한다. 그럼에도 불구하고 스팸은 지속적으로 '따끈한 밥에 스팸 한 조각'이라는 메시지와 함께 맛있는 밥반찬 스팸을 소구한다. 스팸의 어떤 광고에서도 '짠맛'에 대한 대응은 없다.

1위 브랜드는 지속적으로 모든 가능성에 대비해야 한다. 경쟁사의 신제품이나 새로운 기술의 도입을 과소평가해서는 안 되고 항상 앞질러 소비자의 머릿속을 차지할 수 있도록 대응해야 한다.

(2) 추격자의 전략

추격자는 선두주자보다 더 많은 노력을 기울여야 시장 점유율Market Share , 마음 점유율Mind Share , 시간 점유율Time Share 을 높일 수가 있다. 이 때 추격자가 사용할 수 있는 전략 중 하나가 선두주자의 빈틈을 공격하는 것이다. 선두주자라 할지라도 고객을 100% 만족시킬 수 없으며 라이프스타일, 트렌드, 가치관의 변화는 선두주자에게 빈틈을 가지게 하고 추격자에게 기회를 제공한다.

예를 들어, 건강추구트렌드는 저염 식단에 대한 관심을 가져왔고, 동원

▮ 동원 리챔

1위 브랜드 스팸의 약점 '짠 맛'을 공격하기 위해 '햄은 구우면 수분이 증발되므로 짜지 않은 햄이 맛있다'는 메시지 전달

▮ 남양 프렌치카페 카페믹스

커피믹스 시장에 후발주자로 진출하면서 절대적 1위를 지키고 있던 '동서식품 맥심=카제인나트륨 커피'로 이슈화. 1위의 빈틈을 공격하면서 '우유가 들어있는 커피믹스'라는 새로운 영역 개척하여 성공

▮ 샘표 연두

샘표식품은 분말 조미료 중심의 시장에서 시장을 세분화하여 콩을 발효하여 만든 천연 액상 조미료 연두를 출시하였고, 이후 경쟁사가 유사 제품을 출시함에 따라 조미료 시장은 액상 중심으로 재편. 샘표 연두는 기존 제품과는 전혀 다른 카테고리의 제품임을 전달하기 위해 '요리 에센스'라는 새로운 용어를 사용

리챔은 이것을 기회로 1위 브랜드 스팸의 짠 맛을 공격하며 시장을 키워가고 있다. 남양유업 프렌치카페 카페믹스는 자사의 강점인 '우유 넣은 커피'를 강조하기 위해 경쟁사 커피를 '카제인나트륨 넣은 커피'로 이슈 메이킹 하여 커피믹스 시장 진입에 성공하였다. 커피믹스 시장의 선두주자를 강력하게 유지하고 있던 동서식품은 유사제품을 출시하지 않을 수 없었다.

추격자가 사용할 수 있는 또 하나의 전략은 시장을 세분화 시키는 방법이다. 선두주자의 전략에서 언급한 바와 같이 소비자는 최초의 브랜드를 기억한다. 마케팅 불변의 법칙에서는 시장에서 선도자의 의미를 중요하게 언급하면서 '어느 영역에 최초로 들어간 사람이 될 수 없다면 최초로 뛰어들 새로운 영역을 개척하라'고 이야기 하고 있다.

05.
상황분석의
정리

상황을 분석한다는 것은 본격적인 광고·마케팅 전략을 수립하기 위해 필요한 각종 제반 사항들 즉, 기업 환경, 마케팅 4P환경, 소비자 환경, 경쟁 상황 등을 다각도로 검토·분석하여 광고를 수행함에 있어 어디에 문제점이 있고, 그것을 어떤 기회로 해결해 갈 수 있는가를 분석해 내는 일이다.

광고를 둘러싼 상황을 분석해내는 작업은 SWOT^{Strength / Weakness / Opportunity} / Threat 분석방법과 문제점 및 기회^{Problem & Opportunity}에 의한 방법, 이 두 가지가 일반적으로 많이 사용되고 있다.

이 중 SWOT 분석 방식은 문제점 및 기회의 분석방법에 비해 좀 더 한정된, 미시적 시장의 분석에 많이 사용된다. 즉, SWOT 방식은 '경쟁적 강약점'의 분석에 초점이 맞춰진 것이다.

반면에 문제점 및 기회에 의한 분석방법은 SWOT 방식에 비해 포괄적이고 거시적인 관점에서 사실을 분석해 내는 작업을 말한다.

상황분석을 하는 데는 다음과 같은 '분석의 사고 체계'가 필요하다.

▌ 상황 분석의 사고체계

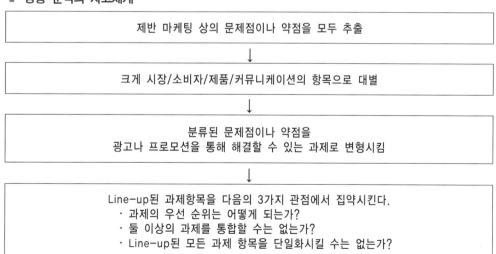

제반 마케팅 상의 문제점이나 약점을 모두 추출

↓

크게 시장/소비자/제품/커뮤니케이션의 항목으로 대별

↓

분류된 문제점이나 약점을
광고나 프로모션을 통해 해결할 수 있는 과제로 변형시킴

↓

Line-up된 과제항목을 다음의 3가지 관점에서 집약시킨다.
· 과제의 우선 순위는 어떻게 되는가?
· 둘 이상의 과제를 통합할 수는 없는가?
· Line-up된 모든 과제 항목을 단일화시킬 수는 없는가?

1) 상황분석 작성 시 유의사항

기존에 해오던 상황분석에 대한 여러 가지 문제점들이 제기되고 있다. 첫째, 수집된 자료의 양은 방대하나 용두사미 격으로 무슨 이야기를 왜 하는지 핵심을 모르겠다. 둘째, 상식적으로 이미 충분히 알고 있는 부분들에 대한 지나친 설명과, 나열로 역반응이 유발된다. 셋째, 불필요한 자료의 인용, 유사한 형식 등으로 지루하다는 평을 들을 수 있다. 이러한 문제점들을 보완하기 위해서 상황분석을 작성할 때의 유의 사항은 다음과 같다.

(1) 상황분석은 전략을 수립하는 데 도움을 줄 수 있는 사실을 분석·요약한 결과여야 한다.

상황분석은 단순한 자료 나열이나 상황 묘사에 그쳐서는 안된다. 상황분석의 핵심은 사실 입증이 아니고 광고품목의 약점을 새로운 장점으로 패키징 packaging 하는 새로운 시장기회 발견 수단이다. 즉, 시장상황의 여러 가지 요소를 분석하고 정리하여 해결과제를 선정하고 해결 방법을 발견할 수 있는 참신하고 경제적이며 합리적인 결론이 도출되어야 한다.

(2) 상황분석은 정량분석과 정성분석이 동시에 진행된 결과여야 한다.

충분한 준비기간을 갖지 못하고 급작스럽게 작성된 상황분석의 문제점은 정량분석에 의한 단순한 자료의 제시나 그에 따른 광고 캠페인 전략과의 무관함이라는 결과를 초래하기 쉽다. 소비자 태도·행동, 유통 등의 더욱 심층적인 조사가 병행되지 않는 상황분석은 평면적이고 생명력이 없는 자료보고서가 될 뿐이다. 따라서 상황분석의 핵심은 정량분석과 정성분석을 통한 '넓이'와 '깊이'를 동시에 만족시키는 '입체분석'이 되어야 한다.

(3) 프레젠테이션 대상이 되는 광고주의 상황을 충분히 파악해야 한다.

- 상황분석 작성 전 광고주로부터 기본적인 마케팅 방향 및 전략에 대해 오리엔테이션을 받았는가?
- 광고주가 광고전략뿐만 아니라 포괄적인 마케팅 커뮤니케이션 전략 수립을 원하고 있는가?
- 프레젠테이션 참석자의 마케팅·광고에 대한 이해능력은 어떠한가?

- 특정 마케팅 상황에 대한 광고주의 관심 분야와 고민사항은 어떤 점이 있는가? 등을 미리 파악하여 상황분석 작성의 기본적인 역할을 먼저 규명해야 한다.

(4) 간결하고 쉽게 작성하여야 한다.

상황분석의 자료는 누구나 쉽게 이해할 수 있도록 최대한 간결하고 쉽게 작성해야 한다.

(5) 자료원은 분명히 밝혀야 한다.

인용된 자료는 반드시 출처를 밝힘으로써 자료 하나하나에 대한 신뢰도를 확인시켜야 한다.

2) SWOT분석

SWOT분석이란 환경·소비자·제품·경쟁사 분석, 다시 말해 기업의 내부 환경과 외부 환경을 분석하여 강점 Strength , 약점 Weakness , 기회 Opportunity , 위협 Threat 요인을 파악하는 것이다. SWOT분석에서 주의할 점은 강점과 약점은 내부 환경 분석을 통해, 기회와 위협은 외부 환경 분석을 통해 발견할 수 있다.

(1) SWOT분석의 요소

- 강점 Strength : 내부 환경의 강점으로 높은 시장 점유율, 소비자 인지도, 호감도, 기업의 역사, 전문성, 재정적 자원, 제품력 등
- 약점 Weakness : 내부 환경의 약점으로 낮은 시장 점유율, 인지도와 호감도 열세, 유통의 약점, 전문 인력의 부족 등
- 기회 Opportunity : 외부환경에서 비롯된 기회로 고객의 라이프스타일 변화, 경쟁사의 취약점, 시장의 성장 등
- 위협 Threat : 외부환경에서 비롯된 위협으로 고객의 라이프스타일 변화, 경쟁사의 성장, 새로운 경쟁자의 진출, 대체상품의 출현, 소비자 욕구의 변화 등

▌ 동아제약 아이봉 SWOT분석과 전략

강점(Strength)	약점(Weakness)
· 국내 최초 안구 세정제(수입) · 일본 판매 1위 안구 세정제 · 입소문 　– 일본 여행 필수 쇼핑리스트 · 편리한 사용법(세안컵 사용) · 사용방법의 독특함 → 호기심 · 사용 후 찌꺼기 확인 · 성분: 각막 보호 성분 　→ 콘드로이틴 설페이트 나트륨, 비타민, 타우린	· 가격이 비싼 편 · 일본 현지 생산 　– 방사능에 대한 부정적 인식 · 첫 사용 시 어려움 · 부작용 논란 　– 안구건조증, 결막염 외 · 세정제(씻는다)가 지닌 인식의 약점 　→ 좋은 것도 씻길 것 같은 　→ 영양 공급에 대한 인식 약함
기회(Opportunity)	위협(Threat)
· 안구질환 환자 증가 　– 최근 5년 18% 증가(2015년 건강보험 심사 평가원) · 안구질환을 유발하는 요인의 지속적 증가 　– 미세먼지, 황사, 해양 스포츠(서핑 등) 　– 스마트폰, 컴퓨터 사용 　– 렌즈 착용[시력교정, 미용(컬러, 서클)] · 안구관리에 대한 관심증가로 관련시장 성장세 　– 인공눈물, 리안(재생 점안액) 　→ 단, 절대적인 대표 브랜드는 아직 없는 상황	· (잠재적) 경쟁제품 　– 식염수: 저렴한 대체제로 인식 　– 리안: 눈 관리 시장 안에서 경쟁 　– 다양한 안구관리 신제품 예상 · 안구건조증 환자 증가 　– 97만명(2004년) → 214만 명(2014년)

	S	W
O	· SO전략(강점-기회 전략) 　: 강점을 살려 기회를 포착 　– 국내 최초 안구세정제 + 환경 　→ 안구세척의 필요성 / 중요성 　– 일본 판매 1위 / 일본 필수 쇼핑리스트 　　+ 안구 관리 시장 국내시장 성장세 　→ 검증된 제품력 or 습관화	· WO전략(약점-기회 전략) 　: 약점을 보완하여 기회를 포착 　– 인식의 약점인 비싼 가격 보완하고 안구관리에 대한 　　관심을 기회로 활용 　→ 세정만이 아니라 영양까지 　　ex. 비타민샤워
T	· ST전략(강점-위협 전략) 　: 강점을 살려 위협을 회피 　– 안구세정 + 다양한 잠재적 경쟁 　→ 안구관리의 시작 　　(메이크업에서 클렌징의 중요성) 　– 성분 + 잠재경쟁(식염수) 　→ 세정 + 영양	· WT전략(약점-위협 전략) 　: 약점을 보완하여 위협을 회피 　– 부작용 + 건조증 환자 증가 　→ 올바른 사용법 　→ 건조증에 도움이 되는 성분 추가 　→ 라인업 확장(세트판매)

▍ 동아제약 아이봉 광고 '렌즈'편 (상), 동아제약 아이봉 광고 '황사'편 (하)
SO전략을 활용한 광고로 봄철황사, 렌즈 등 소비자를 둘러싼 환경을 기회로 눈 속까지 씻어주는 아이봉의
강점 소구

(2) SWOT분석 활용 전략

SWOT 분석은 기회의 활용, 강점의 강화, 위협의 회피, 약점의 보완을 할
수 있도록 한다. SWOT 분석에 의한 마케팅 전략은 다음과 같이 정리할 수 있다.

- SO전략^{강점-기회 전략} : 강점을 살려 시장의 기회를 활용하는 전략
- ST전략^{강점-위협 전략} : 강점을 살려 위협을 회피하는 전략
- WO전략^{약점-기회 전략} : 약점을 보완하여 시장의 기회를 활용하는 전략
- WT전략^{약점-위협 전략} : 약점을 보완하여 위협을 회피하는 전략

3) 문제점과 기회

상황분석을 문제점과 기회로 정리하는 방법은 광고전략 수립 시 자주 활용되
는 방법이다. 광고는 현재 브랜드가 처한 문제점을 커뮤니케이션을 통해 해결하기
위해 필요하기 때문이다.

2016년부터 비타500은 '기능성음료 이미지 약화'라는 문제점을 해결하기 위해 '비타민C 항산화 기능으로 청춘을 지키는 비타500' 광고를 진행

예를 들어 기아자동차 카니발은 미니밴 시장 절대적 1위라는 시장 점유율을 가지고 있지만 소비자 마음속에 '카니발=회사차'라는 인식을 가지고 있었다. 이러한 문제점 해결을 위해 광고 기획자는 '캠핑 문화의 확산, 가족과 함께 보내는 시간에 대한 관심 증대'라는 기회 요인을 활용하여 '가족의 추억을 만들어주는 프리미엄 미니밴'이라는 새로운 제안을 통해 회사차라는 부정적 인식을 제거할 수 있었다.

비타500은 국내 최초 마시는 비타민C로 새로운 시장을 개척하고 오랫동안 소비자들에게 사랑받아 왔지만 기능성 음료에 대한 인식은 점차 약화되고 있다는 점을 발견하였다. 마케터가 여기서 주목한 점은 메가 브랜드가 되기 위해서는 단순히 기분을 전환하는 음료가 아닌 '기능성 음료'로 확고한 포지셔닝이 필요하다는 점이었다. 이러한 상황에서 비타500은 비타민C의 항산화기능을 통해 '젊음을 유지시켜 주는 기능성 음료'로 포지셔닝을 강화하고 있다. 젊음 유지에 대한 관심이 증대하고 있다는 사회적 요인은 비타500에게 기회 요인이 되고 있다.

정답은 언제나 문제 속에 있다. 따라서 문제점을 발견하는 것만큼 광고기획에서 중요한 것은 없다.

문제점과 기회의 작성 시 유의점은 다음과 같다.

- 문제점 및 기회요소는 소비자의 시각에서 작성되어져야 한다.
- 상황 분석에 나타난 제반사항들을 잘 요약, 정리하여야 한다.
- 문제점 및 기회요소에 기술된 부분은 상황분석에 기술되어야 한다.
- 문제점 및 기회요소의 각 항목은 커뮤니케이션을 통하여 해결될 수 있는 사항들이어야 한다.

- 여러 가지 문제점 및 기회요소는 그 중요도에 따라 광고 캠페인 전략을 통해 우선적으로 해결되어야 할 우선순위가 정해져 있어야 한다.
- 이러한 여러 가지 문제점 및 기회요소 Key P&O 를 종합하여 하나의 핵심적인 문제점 및 기회 요소로 정리하는 것이 가장 이상적이라 할 수 있다.

4장
광고기획의 실제 II _광고전략 수립

상황분석과 상황분석 정리를 마친 후 기획자는 광고목표와 목표소비자 집단을 설정하고 전략을 통해 광고 콘셉트를 추출한다. 3장의 내용이 광고전략 수립을 위한 준비단계라면 4장. 광고기획의 실제는 광고기획의 실질적이고 핵심적인 내용이다.

　　광고목표, 목표소비자 집단, 광고콘셉트 모두 추상적이어서는 안된다. 그것은 매우 구체적이고 쉽게 작성되어 제작팀에게 해당 내용을 전달했을 때 크리에이티브 도출을 위한 가이드라인을 제시하고 영감을 줄 수 있어야 한다. 이러한 내용들이 구체적이고 명확하게 정리되지 않는 경우 광고주-기획팀-제작팀은 의견을 모으기 힘들고 결국 좋은 크리에이티브를 만들어 낼 수 없다.

　　따라서, 4장을 통해 광고기획에 필요한 핵심적인 내용을 익히고 광고기획에 자주 사용되는 브리프 작성법 대해 알아보도록 한다.

01.
광고목표
설정

1) 광고목표란 무엇인가?

흔히 '이번 광고의 목표는 인지도를 높인다.'거나 '비사용자를 사용자로 만드는데 있다.'는 말을 자주 듣게 된다. 물론 그런 목표가 틀리다고 말할 수는 없지만 광고 크리에이터들이 막상 크리에이티브 작업을 하려 할 경우 그 같은 광고목표의 서술은 별로 도움이 되지 않는다. 왜냐하면 그 같은 광고목표는 너무나 광범위해서 초점이 없으며 구체적인 광고의 방향이 제시되어 있지 않기 때문이다. 많은 신제품 광고기획의 경우 '인지율 몇 % 달성'이라는 광고목표를 자주 보게 된다. 기업이 막대한 재정을 투자하여 광고를 집행하는 목적이 단순히 자사제품을 소개하거나 브랜드를 알리기 위함이라고 기술되었을 때 광고주에 대한 설득력 또한 약화될 수밖에 없을 것이다.

그렇다면 광고목표란 도대체 무엇이며 어떻게 기술되어야 하는 것일까? 그것에 대한 해답을 구하기 위해서 우선 광고목표와 관련한 일련의 소비자 행동 이론을 살펴 볼 필요가 있을 것이다.

소비자행동이론인 AIDMA이론, AISAS 이론의 과정을 요약하면 인지-태도 변화-행동 변화 의 3단계로 요약할 수 있다.

또한 FCB 모델에 의하면 각각의 상품에 대한 소비자의 관여 정도에 따라

- [Learn → Feel → Do]
  의 사고과정을 거치거나
- [Do → Feel → Learn]
  의 사고과정을 거친다고 정의되고 있다.

광고의 궁극적인 목적은 소비자를 설득하여 제품을 사도록 만드는데 있을 것이며 위의 소비자 행동 이론에서는 Do를 한다거나 Action을 한다는 의미로 표현되고 있다. 여기서 '산다 buy '는 말은 구체적이고 실효성 있는 행동용어다.

즉, 소비자로 하여금 할인쿠폰을 모으게 하거나, 어떤 행사장에 참여토록 하거나, 다른 어떤 물건 대신에 이런저런 이유로 자사의 제품을 사도록 행동의 변화를 유도하는 것이다. 흔히들 잘된 광고는 소비자를 움직이게 한 광고라고 말한다. 소비자를 움직이게 하는 것은 행동변화를 의미한다. 소비자가 광고를 접촉하고 난 후의 행동은 '인지하게 되고 태도 변화를 일으켜 행동변화를 가져오게 되는 과정'을 거쳐서 이루어지던가, '행동을 먼저하고 인지하고 태도변화를 일으키는 과정'으로 나타난다. 중요한 것은 소비자가 결과적으로 나타낸 행동의 변화Do or Act가 광고의 목표로서 핵심적 가치를 지닌다는 것이다.

광고목표란 '광고 커뮤니케이션 활동을 통하여 목표집단이 어떤 행동을 하도록 설득하는데 있다.'는 것이다. 따라서 광고기획자AE는 목표집단이 광고를 보고, 듣고, 읽고 난 후에 어떠한 인식과 학습을 하게 되며 어떠한 요소의 자극을 통하여 태도를 전환하게 되며, 궁극적으로 어떠한 행동의 변화를 일으키게 되는지에 대한 구체적인 서술을 해줌으로써 크리에이터들에게 더욱 초점이 명확하고 뚜렷한 광고의 방향을 제시해 주어야 한다.

즉, 광고목표는 광고대행사 내적 측면으로는, 팀원들에게 이 광고는 왜 실시되는가에 대한 이해와 공감대를 형성시켜 정확하고 일관성 있는 크리에이티브 작업을 실행하도록 도와주는 것이다.

광고주와의 관계인 대외적 측면으로는, 광고주에게 광고기획 의도를 논리적으로 명확하게 설득함은 물론 광고주와의 업무 공감대를 형성하여 광고주의 마케팅 활동이 원활하게 이루어질 수 있도록 만드는데 있다.

평가적 측면에서는 광고효과를 평가하는 데 있어 광고목표는 그 기준이 될 수 있으며 당초 예상했던 목표의 달성 여부에 대한 판단은 물론 새로운 마케팅 상의 문제점을 발견하여 차기 광고계획에 반영하도록 한다.

2) 광고목표의 분류

광고의 목표가 타겟을 설득해 온라인에서 검색하도록 하거나 매장에 방문하거나 전화주문을 하도록 하는 것이라면 '산다buy'는 말 대신 그와 같은 구체적인 행동 용어들을 광고목표에 기술해야 한다.

어떤 광고 캠페인의 목표는 소비자들이 제품을 '사도록' 하는데 있는 것이 아니라 제품을 '사용하도록' 하는데 있는 것도 있다. 가정용 상비약이나 잡화용품의 경우 집안에 재고로 남아 있는 경우가 많은데 사용처를 확산시키거나 더욱 자주 사용하도록 하거나 1회 사용량을 늘리도록 만들면 다시 사서 채울 것이기 때문이다. 이처럼 광고의 실질적인 목적이 소비를 촉진하는 데 있다면 광고목표는 그런 행동용어로 기술되어야 한다.

제품의 구매자와 사용자가 다른 경우에는 광고목표를 사용자가 그 상품을 '요청'하게끔 설득하는 데 둘 수도 있다. 장난감이 한 예다. 또 다른 예로 비행기나 호텔은 여행사들이 예약하지만 항공사명이나 호텔이름은 여행자가 '요청'한다. '요청'이 실질적인 광고목표라면 그 말은 실효성 있는 행동용어다.

이 밖에 또 다른 목표를 갖는 광고들이 있다. 정치광고는 목표집단이 어떤 후보에게 '투표하도록' 설득하는 데 있다. 어떤 기업광고는 유능한 대학졸업자들이 자기회사에 '입사하도록' 설득하는 데 목표를 두기도 한다.

이 모든 경우에 목표 집단이 '무엇을 하느냐?'는 행동변화에 대해 명확하고 구체적으로 밝혀주어야 한다는 것이다. 이와 같이 목표집단이 '무엇을 하느냐?'는 목표반응에는 수 없이 많은 어휘나 용어들이 있겠지만 행동반응의 완급에 따라 구분하면 대략 다음과 같은 5가지 종류로 분류할 수 있을 것이다.

▌ **행동반응의 완급에 따른 목표반응의 5가지 종류**

단기	• 행동 – 나도 그렇게 해야지! • 정보 – 정말 좋은 아이디어군! • 만족의 회상 – 그랬었지! • 태도의 개선 – 그런 점도 있었나?
장기	• 태도의 강화 – 그럼! 그럼!

(1) 행동 ("저걸 사야지")

광고목표가 당장의 구매자 획득을 위한 경우로서, 예를 들면 쿠폰 광고가 요구하는 소비자 반응은 쿠폰을 오려내서 또는 스마트폰 어플리케이션에 담아 가게로 들고 가도록 하는 것이다. 필요로 하는 반응은 "좋았어! 당장 그렇게 해야지!"하는 것이다.

(2) 정보 ("그거 정말 좋은 아이디어야")

광고목표는 브랜드에 대해서 목표 개인이 더욱 많은 것을 알아보려는 생각을 갖게 하는데 있다. 자동차 광고에서 흔히 소비자를 전시장으로 유인해서 직접 차를 경험하게 하거나, 설득할 수 있는 장소로 소비자들을 유인하는 경우가 그 예다. 이 광고의 바람직한 반응은 "그럴듯하게 들리는데, 어디 좀 더 알아봐야지."하는 것이다.

(3) 만족의 회상 ("그래 맞아, 그랬었지")

광고목표는 목표 집단에게 최초의 구매이유를 상기시킴으로써 재구매 행동을 이끌어내고자 하는데 있다. 재구매가 빈번한 제품의 경우 대부분의 소비자들은 마음속에 자기가 구매하는 브랜드들의 짧은 목록을 지니고 있으며 구매 브랜드의 목록은 복합적이고 또 순환하는 것이 통례다. 따라서 광고의 주요 역할의 하나는 과거 그 브랜드 사용으로 소비자가 얻었던 만족감을 회상시키는 것이며, 얻고자 하는 소비자 반응은 "아참, 생각나는군. 다시 한 번 써봐야지."하는 것이다.

(4) 태도의 개선 ("그런 점도 있었나?")

목표는 브랜드에 대한 태도를 변화시키는데 있다. 이 경우는 소비자들이 갖는 회의적 태도와 기존 관념을 먼저 극복해야 하고, 이어 새로운 반응을 창조해야 하기 때문에 광고목표 중에서 가장 달성하기 어려운 것이다.

(5) 태도의 강화 ("그럼, 항상 그렇게 생각하고 있어")

광고목표는 기존태도를 강화시키는 것이다. 예를 들면, 브랜드 충성도의 증대 등을 통해서 재구매를 지속시켜 나가는 데 있다. 바람직한 반응은 "그럼, 말 그대로야. 그러니까 내가 그걸 산다고."하는 것이다.

3) 광고목표 설정방법

예를 들면, 신제품 S라면 발매광고를 기획한다고 하자. S라면은 성인에게 필요한 영양분과 비교적 가볍게 먹을 수 있는 적은 양으로 성인들의 바쁜 아침 출근길에 간편하게 먹을 수 있는 특징을 지니고 있다. 이 경우, 어떤 광고기획자가 광고목표를 '타겟 사용자가 아침식사 시간에 S라면을 끓여먹도록 하는 것'이라고

█ 위닉스 뽀송 런칭 캠페인 광고목표의 설정예시

▶ 제품 형태 : 제습기

▶ 런칭 당시 주 소비층
 - 산모 / 영유아가 있는 집
 - 비가 많이 오는 지역 거주자(제주, 남부 지역)
 - 오래된 주택 거주자(지하실이 있는 경우 필수)

▶ 브랜드 / 제품특징
 - 제습력 : 물먹는 하마 대비 강력한 제습력
 - 이동성 : 집 안 구석구석 사용 가능(에어컨 대비 편리함)
 - 장마철 빨래건조 등 용이
 - 제품판매 1위 단, 브랜드 파워 열세(인지도 미미)

▶ 문제점 및 기회
 - 문제점 : 습기가 심각한 지역이 아닌 경우 습기 피해가 없다는 인식
            (곰팡이 등)
 - 기회 : 여름철 다양한 문제점 발생
          (불면증, 피부 트러블, 아이 집중력 저하, 빨래건조 불편)

▶ 광고목표
 나와 습기는 상관없다고 생각하는 사람들에게(구체적 타겟)
 습기에 대해 밀접하게 생각하게 만들어(행동변화의 과정)
 제습기의 필요성을 느끼게 한다(결과적 행동변화)

기술하였다. 이 광고목표에는 분명히 타겟이 어떠한 행동을 하도록 기본적인
목표개념을 정의한 것임에는 틀림이 없지만, 완벽하게 작성되었다고 볼 수는
없는 것이다. 정확한 광고목표는 구체적인 행동변화 과정까지 묘사되어야 하겠지만
'아침 식사를 하는 사람 중에서 S라면을 먹도록', 또는 '아침을 거르는 대신 S라면을
먹도록' 등의 광고목표는 전자와 2가지 점에서 다음과 같이 다르다.

▌ 데싱디바 매직프레스 광고목표의 설정예시

▶ 제품 형태 : 붙이는 젤네일
▶ 주 소비층 : 20~30대 여성
  - 패션·메이크업 등에 관심이 많고 트렌드에 민감하며 자기 관리에 철저
  - 바쁜 스케줄로 네일아트를 할 시간이 부족한 경우가 많음
  - 자신을 가꾸는 패션 제품 구매에 적극적이며 합리적 소비
  - 네일아트의 경우 데이트, 소개팅 등 특별한 날 시도
    (젤 네일 시술 시간 및 비용에 대한 부담)
▶ 브랜드 / 제품특징
  - 2001년 뉴욕에서 세계 최초 네일 스파&부티크 런칭
  - 뉴욕, 일본, 호주 등 전 세계 여성들에게 사랑받는 브랜드
  - 한국 마켓 1위 젤네일 전문 브랜드
  - 간편하게 붙이고 뗄 수 있는 1초 성형 네일
  - 전문 디자이너의 감각적인 디자인을 1~2만원 수준으로 즐길 수 있는 제품
▶ 광고목표
  네일아트를 특별한 날에 한정적으로 하고있는 20~30대 여성들에게(구체적 타겟)
  네일아트를 메이크업처럼 필수과정 중 하나로 인식(행동변화의 과정)
  데싱디바 매직프레스를 통한 네일아트의 일상화(결과적 행동변화)

　　첫째, 사업의 본원Source of Business이 스낵시장 공략이라든가, 아침을 거르는 시장 등의 구체적인 광고방향이 지표로서 명기되어 있다는 사실이다. 사업의 본원을 결정할 때에는 시장 규모가 큰 곳 또는 공략 가능성이 높은 곳에 목표를 두어야 하며, 제품 특성과의 연계가 잘되도록 해야 한다.

　　둘째, 가시적으로 수량화되어 벤치마크를 설정하거나 목표의 달성여부를 측정할 수 있도록 기술되어 있다. 아침에 스낵을 먹는 사람 중에서 광고 캠페인

▌ 대원제약 콜대원 광고목표의 설정예시

▶ 제품 형태 : 짜먹는 감기약

▶ 주 소비층 : 회사에서 바쁜 생활을 보내는 20~30대
  - 아픈 경우 업무 및 사회활동에 지장이 큰 세대로 초기 치료 중요
  - 건강관리에 대한 관심이 많으나 바쁜 생활로 건강을 챙기기 어려움
  - 의약품 복용 시 집 밖에서 복용하는 경우 다수(회사, 이동중)

▶ 브랜드 및 제품특징
  - 국내최초 짜먹는 감기약(2015년 출시)
  - 파우치 형태로 휴대가 간편하고 복용이 편리함(물 없이도 복용 가능)
  - 액상형으로 흡수가 빨라 효과 높음

▶ 광고목표
  바쁜 생활로 초기 감기치료를 잘 하지 못하는 직장인들에게(구체적 타겟)
  '짜먹는 감기약'을 가장 효과적 복용법으로 인식(행동변화의 과정)
  알약, 병 대신 콜대원을 선택하도록 만든다(결과적 행동변화)

기간 동안 어떤 태도 변화 과정을 거쳐서 몇 명이 구매하고 몇 명으로 하여금 구매욕구를 느끼게 하는 등의 시간적·수량적 기술을 포함하는 것이 정확한 광고의 목표가 되는 것이다.

따라서 훌륭한 광고목표를 설정하는 데는 다음의 4가지 조건을 충족시켜야 한다.

- 결과적 행동변화로 정리한다.
- 행동변화의 구체적 과정을 묘사한다.
- 사업의 본원을 명확하게 제시, 즉 공략하고자 하는 시장을 명확히 해야 한다.
- 광고기간 내에 달성하고자 하는 목표를 가시적으로 수량화해야 한다.

02.
목표소비자
집단 Target Group

1) 목표소비자 집단이란 무엇인가?

광고 사전에 의하면 마케팅 활동을 적용시키는 대상인 '특정 사회군'을 공략시장target market 이라고 정의한다. 이는 제품을 판매하는 경우나 광고를 노출하는 경우에 시장 타겟이나 광고타겟이 있다는 것을 의미하는 것이다.

그렇다면 공략 시장과 목표소비자 집단은 구체적으로 어떻게 다르며 어떤 면에서 상호 연관성을 지니고 있는가를 규명해 볼 필요가 있다.

오늘날 수많은 제품들이 난무하는 치열한 경쟁시장 하에서 완전한 독점 브랜드란 거의 존재하지 않는다. 대부분의 제품들이 각각의 제품군에 따라 수 개 혹은 수 십 개씩 혼재된 채 치열한 판매전쟁을 벌이고 있는 상황이다. 이와 마찬가지로 제품을 구매하거나 사용하는 소비자의 유형도 각각의 제품군과 브랜드별로 이루 헤아릴 수 없을 만큼 세분화되는 추세이며 이러한 소비문화 양태 또한 다양한 사회환경의 변화에 영향을 받으면서 시시각각으로 변모하는 것이 오늘의 현실이다.

따라서 기업은 제품을 만들기에 앞서 '이 제품을 어떤 시장target market 에 판매할 것인가'를 결정한다. 광고기획자 또한 광고를 통한 커뮤니케이션 계획을 수립함에 있어서 '누구에게(목표소비자 집단) 이 제품을 소구할 것인가?'를 생각해야 한다. 전자의 공략시장이란, 기업의 마케팅 측면에서 자사제품이 소속된 제품군을 시장세분화의 사고방식에 따라 경쟁제품보다 유리한 위치에서 소비자의 욕구를 충족시킬 수 있는 특정인들의 그룹을 발견하고, 이에 어필하도록 제품, 가격, 유통, 광고 등의 전술을 구사하도록 정의된 '공략대상 시장'을 말하는 것이다.

이런 공략 시장의 결정은 제품의 마케팅 목표나 전략의 방향에 의해서 크게 영향을 받게 된다. 예를 들어, 고객이탈의 방지를 위한 유지단계의 마케팅정책 하에서 '자사제품의 수요가 집중되어 있는 시장'으로 설정될 수 있으며, 시장 확산의 마케팅 정책 하에서 새롭게 수요를 유발시킬 수 있는 '신규 잠재고객계층'을 설정할 수도 있을 것이다.

이에 반하여 광고에서 목표소비자 집단이란 커뮤니케이션 차원에서 제품에 대한 메시지를 전달하여야 할 대상을 일컫는 말이다. 이는 제품을 구매하거나 사용하여야 할 목표소비자로서 마케팅 전략 단계에서 시장세분화의 사고과정을 통하여 세분된 표적시장을 구성하고 있는 주요 소비자를 말한다. 따라서 표적시장을 구성하고 있는 소비자들은 누구이며, 제품과 관련하여 어떤 특성을 지니고 있는지를 규명하고 광고를 통하여 핵심적으로 설득시켜야 할 대상은 어떤 사람인가에 대한 상세한 설명을 필요로 하게 된다.

결론적으로 목표소비자 집단이란 기업의 입장에서 정의된 판매 표적 시장에 속해있으며 그들 사이의 공통적인 속성을 가장 많이 지니고 있는 커뮤니케이션 상의 핵심 대상이다.

2) 목표소비자 집단 설정방법

소비자를 '어떻게 행동하도록 변화시킬 것인가'에 대한 광고목표를 기술하기 위해서 먼저 '광고를 통하여 행동을 변화시켜야 할 대상이 누구이며, 어떤 부류에 속하는 사람들로 구성되어 있는가'를 설정해야 한다. 이 질문에 대한 대답 역시 모호하거나 막연해서는 안 된다.

많은 광고기획자들이 광고전략을 수립하는 과정에서 목표 집단을 '25~35세의 도시 지역 가정주부'라고 기술하거나 '20~30대의 커리어우먼'이라는 식으로 기술하는 경우를 보게 된다. 물론 이러한 목표 집단에 대한 기술이 틀린 것이라고 말할 수는 없지만 다음의 몇 가지 점에서 적지 않은 문제점을 발견하게 된다.

문제점 (1)

'25~35세의 도시지역 가정주부'라는 식의 목표집단에 대한 묘사는 광고 크리에이터들의 크리에이티브 작업에 아무런 도움을 주지 못한다는 것이다. 이러한 포괄적이고 추상적인 목표소비자 집단의 개념은 광고제작자에게 어디서부터 어떻게, 어떤 아이디어를 찾아야 할지 도무지 크리에이티브에 대한 방향과 아이디어의 소스를 발견 할 수 있는 기회를 제공하지 못한다.

문제점 (2)

이런 목표소비자 집단에 대한 기술은 광고목표와 효과적으로 연결되어지는

▍ 목표소비자 집단 작성 시 포함시켜야 할 내용

지리 · 인구 측면	인구통계학적 특성(Demographic): 성, 연령, 경제, 가족 구성
	지리학적 특성(Geographic): 지리, 기후, 인구밀도, 도시 특성
사회 · 심리 측면	사회·문화 특성(Social Culture): 문화양식, 욕구, 제품 수용 속도
	심리적 특성(Psychographic): 감성 · 이성적 생활, 가치관, 의식, 취미, 라이프스타일
소비 · 행동 측면	소비자 행동 특성(User Behavior): 구매 및 사용특성, 제품 특성과 소비 상황
	관여도(Level of Involvement): 관심 분야와 관여 수준

상호보완성이 결여된 것이라 할 수 있다. 광고목표가 소비자를 어떻게 행동하도록 변화시킬 것인가에 대한 기술이라면 목표소비자 집단은 이와 같이 행동을 변화시켜야 할 대상이 누구이며, 어떤 특성을 지닌 사람인가, 그리고 제품과 관련하여 나타내고 있는 인식, 태도, 구매 및 사용은 어떠한가에 대한 더욱 생생한 묘사를 필요로 하게 된다.

문제점 (3)

이러한 목표소비자 집단의 기술은 상품군과 상품의 충분한 이해를 바탕으로 하는 소비자의 선택과 구매, 사용동기가 무엇인지를 도저히 파악할 수가 없다는 것이다.

그러므로 광고기획자가 목표소비자 집단을 설정하는 중요한 판단의 기준은 소비자를 이해하는 것과 함께 자사제품이 속해 있는 상품군과 브랜드에 대해서 충분히 파악한 상태에서 출발해야 한다. 다시 말해서 상품군과 그 상품군을 이루는 브랜드에 관련된 소비자들의 동기(선택, 구매, 사용)가 무엇인가를 분명히 알아야 하며, 이를 광고주나 광고 크리에이터들이 이해할 수 있도록 상세하고 구체적으로 묘사해야 한다는 것이다. 따라서 목표소비자 집단을 작성하는 광고기획자는 반드시 상품군과 브랜드에 관련된 소비자들의 동기 파악을 전제로 하여 소비자들의 광고 대상 품목과 관련한 생활방식은 어떠하며, 생활 속에서 어떤 가치를 지니고 있는가를 상세히 기술해야 한다.

문제점 (4)

위의 목표 집단에 대한 기술은 가시적으로 수량화되지 못하여 도대체 이 광고를 통하여 설득해야 할 개개인의 규모가 얼마나 되는지 알 수 없다. 물론 '25~35세의 도시 지역 가정주부 중에서 외출을 자주하고 사교적이며 자신의 몸매관리를 위해 다이어트를 하고 있는 주부'가 얼마나 되는지는 아무도 정확하게 파악할 수 없을 것이다. 그러나 광고기획자는 각종 라이프스타일 조사나 인구통계학적 통계를 이용하여 경쟁 브랜드가 목표로 하는 집단과 비교하여 우리의 목표소비자 집단은 얼마나 더 크며, 이와 같은 목표소비자 집단이 판매목표의 달성에 적합한 질적, 양적 규모를 얼마나 유지하고 있는지도 알 수 있게 기술하는 것이 바람직하다.

▌ 농심 쌀국수 뚝배기 타겟 이미지 프로파일 작성 예시

▶ 제품 형태 : 쌀국수 용기면

▶ 주 소비층 : 아침시간에 바쁜 직장인

▶ 제품 출시 배경
- 아침 대용식 시장 1조원, 평균 11% 성장

▶ 제품특징
- 간편함 : 뜨거운 물 5분(밥과 국 대비 준비시간 짧음)
- 한국인의 주식인 쌀 80% 함유한 쌀국수
- 담백하고 시원한 국물(콩나물, 북어, 무 함유)

▶ 광고목표
- 쌀국수 뚝배기를 밥/국과 가장 비슷한 아침 대용식으로 인식
  출근 전 밥/국 대신 콩나물 뚝배기를 먹게 한다

▶ 타겟그룹
회사생활, 자기계발 등으로 바쁜 30~40대 남성
- 아침 식사에 대한 니즈가 크지만 밥을 챙겨먹기 어려운 타겟
  (맞벌이, 바쁜 아침 스케줄)
- 간편한 아침 대용식을 찾지만 빵에 대한 거부감 존재

▶ 타겟 이미지 프로파일(target image profile)의 예시

35세 유현덕씨. 결혼 2년차 대기업 과장. 아내 또한 직장을 다니는 맞벌이 부부이다.

출근시간은 8시. 오늘도 집에서 7시에 나선다. 이른 시간 출근하면서도 꼭 빼먹지 않는 것은 아침식사. 그런데, 어제는 동료들과의 회식으로 아침에 늦잠을 자서 아침 식사를 하지 못하고 겨우 출근을 했다. 결혼 전부터 꼭 밥과 국으로 아침을 먹어서인지 아침을 먹지 않으면 오전 내내 힘이 없고 일을 하기가 힘들다.

사실 아내는 아침을 간단하게 빵과 커피로 해결한다. 그래서 아침 출근 길 남편의 아침을 준비해 주는 것을 힘들어 하고 유현덕씨 스스로 간단하게 차려먹기 위해 노력해보지만 쉽지 않다.

아내와 함께 빵으로 아침을 대신할까 시도도 해보았지만 밥만큼 속이 편하지 않다. 오늘처럼 전날 회식을 한 경우 빵은 더욱 먹기 힘들다.

다음 달부터 아침 출근 전 영어학원도 다녀야 한다.

더욱 바빠질 아침, 빵 대신 밥처럼 먹을 수 있는 아침 대용식은 없을까?

문제점 (5)

광고는 쌍방 간 하는 고도의 개인적 커뮤니케이션이다. 광고는 연설문이나 기자회견 발표문이 아니다. 연설문이나 발표문의 경우는 연설 발표자의 개인 의견을 일방적으로 다수 대중에게 주지시키는 것을 목적으로 한다. 그러나 광고의 목적은 목표소비자 집단의 개개인을 설득하여 그들로 하여금 스스로 주머니에서 돈을 꺼내어 제품을 사도록 하거나 사용량을 늘려 광고가 의도하는 행동 표출이 직접적으로 이루어지도록 의도하는 데 있는 것이다. 즉, 훌륭한 광고란 송신자와 수신자 간 고도의 개인적 커뮤니케이션을 통하여 소비자의 주관적 판단과 이해를 바탕으로 제품이 갖는 물리적, 심리적 가치와 이익이 소비자 행동의 변화로 나타나는 거래의 결과로써 측정되는 것을 말한다.

그러므로 목표소비자 집단의 작성은 목표소비자 집단의 이미지가 아니고, 목표개인의 이미지를 형상화해야 하며 반드시 목표소비자 집단의 공통적 대표성을 지닌 일 개인으로 묘사되어야 한다. 이와 같은 묘사는 소비자 행동에 입각한 6항목(지리적 특성, 인구통계학적 특성, 사회·문화적 특성, 심리적 특성, 관여도, 소비·행동특성)에 대한 상세한 이해를 바탕으로, 소비생활의 장에 자사제품을 링크시키는 입체적 심리묘사에 더욱 비중을 두어야 한다. 다시 말하면, 타겟 이미지 프로파일 target image profile 이 필요한데 이것은 목표소비자 집단의 핵심 소비자를 가상의 인물로 설정하여 그 사람의 인구통계학적, 사회심리학적, 소비자 행동적 특성 등을 서술적으로 기술하여 구체적으로 형상화시키는 것을 말한다. 그리고 크리에이티브팀에게 광고를 해야 할 대상의 명확한 성격을 분명히 해줌으로써 효과적인 아이디어 도출에 도움이 되며, 광고주 설득도 용이하게 해준다.

03.
광고전략과
콘셉트 추출

1) 광고전략

(1) 차별화전략

그저 다른 것이 아니라 더 좋은 것으로 차별화 한다. 광고에서 이보다 더 자주 사용되고 이보다 더 중요시되는 단어는 없을 것이다. 하지만 동시에 이보다 더 많은 오해를 낳고, 그만큼 더 나쁜 광고를 만들어내는 데 기여하는 단어도 없는 듯 하다. 차별화라는 것을 요구하지 않는 광고주도 없으며, 차별화란 말이 안 들어가는 기획서를 본 적이 없고, 또 차별화라는 말이 나오지 않는 제작회의나 리뷰에도 참석해본 적이 없다. 그런데 왜 정작 차별화 되는 광고는 찾아보기 어려운 것일까?

광고를 만드는 사람들이 관심을 가져야 할 것은 광고의 외형적인 차별화가 아니라, 해당 브랜드가 내세울 수 있는 차별적 이점, 소비자가 거부할 수 없는 확실한 약속이다. 광고를 보는 사람들에게 뭔가 이익이 되어야만 그 광고가 비로소 영향력을 발휘할 수 있는 것이다. 자신에게 이익이 되는 광고를 외면하거나 싫어할 사람은 아무도 없기 때문이다. 여기서는 광고의 차별화를 3가지 관점에서 이야기하고자 한다.

① 차별화는 Different가 아니라 Better

Ted Bates의 창업주인 로저 리브스^{Roger Reeves}는 그의 저서 『Reality in Advertising』에서 소비자는 하나도 중요하지 않은 미세한 제품의 차이점을 찾아내기 위해 혈안이 되어 있는 광고인들의 근시안을 질책하고 있다. 이것은 '거짓된 차별화^{deceptive differentiation}'라고 이야기되는 오류인 것이다. 광고인들은 제품과 시장, 그리고 자료를 이 잡듯이 샅샅이 뒤져서 차별화 요소를 찾아내려 한다. 소비자에게는 별 의미도 없는 차별화 요소를 하나라도 찾아내게 되면 마치 신대륙이라도 발견한 양 그것을 침소봉대한다. 예를 들어, 소비자는 고정력이 더 뛰어난

빨래집게를 원하고 있는데 '우리 빨래집게는 총천연색이다.'라고 이야기하는 것은 다르긴 해도 결코 차별화는 아니다. 경쟁제품의 광고와 다른 이야기를 한다고 해서 차별화가 되는 것은 아니다. 소비자에게 경쟁제품보다 더 좋게 보일 수 있는 메시지만이 차별화인 것이다.

미국의 조사전문가인 알프레드 폴리츠^{Alfred Politz}는 몇 년 동안 광고 캠페인의 효과를 조사하여 두 가지 법칙을 찾아냈다.

- 광고는 좋은 제품의 판매를 늘려주는 반면, 나쁜 제품의 파멸을 부채질하기도 한다. 실제로 제품에 있지도 않은 것을 광고에서 주장하는 일은 소비자로 하여금 그러한 사실이 거짓임을 확인시켜 주는 행위에 불과하다.
- 소비자가 실제로 확인할 수 없는 사소한 차이점을 강조하는 캠페인 또한 제품의 파멸을 부채질한다. 확인할 수 없는 주장은 소비자에게는 곧 거짓말이나 다름없기 때문이다.

② 코카콜라와 콤비콜라, 무엇이 얼마나 다르기에…

이런 속임수 차별화에 때로는 광고전문가들도 속아 넘어간다. 그러나 슈퍼마켓 계산대에는 이를 정확히 체크할 수 있는 소비자가 있다. 그런 광고는 소비자로 하여금 그 제품에 있지도 않은 어떤 것을 기대하게 함으로써 이내 스스로의 모순 때문에 치명타를 입게 되어, 결국 제품을 시장에서 사라지게 만든다.

데이비드 오길비가 젊은 시절, 멋모르고 일할 무렵 그의 직장상사로부터 들었던 이야기는 차별화의 의미에 대해 다시 한 번 생각하게 한다.

"자네가 차별화, 그것만을 위한 차별화를 주장하고 싶다면, 매일 아침 출근길에 양말을 입에 물고 나타나게. 그러면 당신은 회사에서 확실히 차별화 될 테니까."

세계 콜라시장의 양대 산맥이자 우리나라에서는 압도적인 시장점유율을 구가하며 콜라의 대명사로 불리는 코카콜라, 1997년 공룡과도 같은 코카콜라에 도전장을 내민 용감한 브랜드가 등장했다. 콜라라는 것은 물과 탄산 그리고 약간의 향료로 만들어진 단순한 제품이다. 콤비콜라를 마셔보면 코카콜라와 비슷한 맛을 느낄 수 있고, 콜라라 부르기에 조금도 손색이 없는 훌륭한 제품력을 지니고 있다. 어쩌면 두 브랜드를 눈을 가린 채 시음하게 한다면 콤비콜라를 더 맛있다고 할 소비자도 있을 것이다. 그런데 코카콜라와 콤비콜라, 다르면 대체 무엇이 얼마나 다르기에 코카콜라가 100병 팔릴 때 콤비콜라는 한 병 팔기가 어려운 것일까?

차별화는 광고주의 상품기획실에서부터 시작되어야 한다. 경쟁제품보다 우리 제품을 어떻게 다르게, 어떻게 더 좋게 만들 것인가를 그들이 결정하기 때문이다. 보통 소주는 알코올 농도가 25도인데 소비자의 기호가 순한 쪽으로 흐르니까 15도짜리 저알코올 소주를 내놓는다든가, 정종은 겨울에 따뜻하게 데워 마시는 것인데 여름에도 마실 수 있도록 차가운 정종을 만드는 것이 그 예다. 하지만 불행히도 우리에게는 이렇게 시작부터 확실히 차별화 되는 제품을 만날 기회가 별로 없다. 만드는 기술도 다 비슷하고, 그 제품이 그 제품이다. 하지만 농심라면과 팔도라면, 삼성전자 TV와 LG전자 TV, 이것이 소비자에게 똑같은 제품인가? 천만의 말씀이다. 그것은 완전히 다른 제품이다. 그 둘 사이에는 차별화 된 브랜드 이미지가 있기 때문이다. 비슷한 제품이 많은 요즘, 브랜드 차별화가 중요시되는 이유는 바로 이것이다.

광고는 참 뛰었는데 물건이 안 팔린다면 이점을 가장 먼저 반성해야 한다. 광고의 차별화가 크리에이터의 몫이라면 광고콘셉트의 차별화는 AE의 몫이요, 제품의 차별화는 광고주의 몫이다. 이 세 가지가 모두 차별화 될 때 비로소 차별화가 힘을 발휘하게 된다.

③ 광고주는 속일 수 있어도 소비자는 속일 수 없다

광고인은 세일즈맨이 되어야 한다는 것을 잊어서는 안 된다. '독창성'에만 사로잡힌 크리에이터는 때때로 얼토당토않은 극단주의로 흐른다. 그들은 독창적이라는 이유로, 아니면 차별화가 된다는 이유로 광고목표나 전략과는 전혀 관계가 없는 크리에이티브를 고집한다. 클라우드 홉킨스Claud Hopkins 는 이런 크리에이터들에게 다음과 같이 경고하고 있다.

"크리에이터들은 자주 자신의 본분을 포기한다. 그들은 자기가 세일즈맨이 되어야 한다는 사실을 잊어버리고 연예인이 되고자 한다. 그들은 판매라는 중대한 사실은 도외시한 채 박수갈채만 추구하고 있는 것이다."

이런 크리에이터들은 잘못된 차별화를 지향하면서 나름대로 합리적 근거를 제시하려고 하지만 대체로 자기 합리화에 그치는 수가 많다. 어떤 때에는 이런 논리에 광고주가 속아 넘어가기도 한다. 그들의 주장이 아주 그럴듯하게 느껴질 때도 있다. 하지만 소비자들은 절대 여기에 속아 넘어가지 않는다.

▍ 현대자동차 소나타의 차별화 전략

자동차 성능의 차별화가 어려운 상황 속에서 브랜드 이미지의 차별화. 기존 자동차 광고가 달리는 자동차의 성능을 강조했다면 소나타는 비 오는 날 선루프, 가을날 차 안에서의 음악 등 서있는 자동차를 통해 느낄 수 있는 감성을 통한 차별화 시도

비오는 날엔

시동을 끄고
30초만 늦게
내려볼 것

태양아래서만
진가를 발휘하던

썬루프의
전혀 다른매력을
발견할테니

쏘나타는 원래
그렇게 타는 겁니다

▮ 롯데주류 클라우드

맥주의 선택 기준을 '물 타지 않은 맥주'로 변화시키기 위해 아젠다 세팅 이론 활용

(2) **아젠다 세팅** Agenda Setting **이론**

아젠다 세팅 이론은 마케팅 불변의 법칙 중 '영역의 법칙 - 선도자가 될 수 없다면 최초로 뛰어들 수 있는 새로운 영역을 개척해야 한다는 법칙'과 일맥상통한다. 이미 시장에는 엄청나게 많은 브랜드들이 경쟁하고 있다. 인간의 기억상자는

한정되어 있고 이미 꽉 차 있다. 그럼에도 불구하고 수많은 브랜드들이 그 기억상자 안으로 들어가기 위해 같은 메시지를 담은 광고를 끊임없이 노출하고 있다.

소비자 입장에서 보면 별로 달라 보이지도 않는 제품 특성을 비슷하게 주장하는 것은 별 효과를 보기 어렵다. 그들에게 아젠다를 바꿔주어야 한다. 즉, 우리에게 유리한 쪽으로 생각하도록 상품에 대한 판단 기준을 바꿔주는 것이다.

2014년 4월 롯데주류는 맥주 클라우드를 출시했다. 당시 맥주시장은 이미 포화상태였고 클라우드는 후발주자로서 맥주에 대한 판단 기준을 바꾸기 위해 '물 타지 않은 맥주'라는 새로운 아젠다를 제시하였다. 일반 맥주가 숙성된 맥주 원액에 정제수를 희석하여 만드는 반면 클라우드는 오리지널 그래비티 공법으로 숙성된 원액 그대로를 사용하기에 물 타지 않은 맥주라는 것이다. 이러한 전략으로 사람들은 '물 타지 않은 맥주'가 중요하다는 새로운 선택 기준을 가지게 되었고 클라우드는 포화상태의 시장에 성공적으로 안착할 수 있었다. 남양유업 프렌치카페 카페믹스가 카제인나트륨 논쟁을 통해 '우유가 든 커피'라는 새로운 아젠다를 제시한 것도 같은 전략이다.

제품 간의 품질 차별화가 점차 없어지는 요즘, 새로운 아젠다를 통한 광고전략의 중요성은 점점 커질 수밖에 없다.

(3) U.S.P. 전략 Unique Selling Proposition

광고를 만드는 사람이라면 누구든지 자신의 광고가 소비자에게 주목받고 기억되기를 원한다. 하지만 대부분의 광고는 주목받거나 기억되지 못한다. 왜일까? 그 해답은 그 광고에 U.S.P.가 있는가 없는가에 달려있는 경우가 많다.

U.S.P.는 무엇인가?

1950년대에 발표된 U.S.P. Unique Selling Proposition 전략은 소비자들이 원하고 있지만, 경쟁사에는 없고(Competitor's Features), 우리만 갖고 있는(Product Features) 독창적인 포인트를 가지고 광고를 만드는 것이다. '이 제품을 사라. 그러면 다른 제품에서는 찾을 수 없는 이런 독특한 혜택을 얻게 될 것이다.'라는 것으로 광고의 세일즈 메시지를 제품 속에서 혹은 최소한 제품과 관련이 있는 것에서 찾는 방법이다. 1950년대는 제품의 시대였다. 전혀 새로운 신제품이나 기능이 추가된 개선 제품들이 매일 쏟아져 나왔다. 그때는 상품의 새로워진 기능을 알려주는 것만으로도 충분했다. 하지만 기술이 평준화되면서 우리가 가지고 있는 장점을 대부분 경쟁사들도 가지게 되었다. 그래서 제품을 분석하는 일이 더 중요해졌다. 우리만의 것을 찾아야 성공할 수 있게 된 것이다.

U.S.P.는 '캠페인을 성공하게 만드는 법' 이라고 간단히 설명할 수도 있다.

- 모든 광고물은 소비자가 돈을 내서 우리 제품을 사는 대가로 우리는 소비자에게 무엇을 해줄 것인지 분명히 약속해야 한다. 말로만 해서도 안 되고 제품을 과장해서도 안 되며 그저 겉멋만 부리는 '쇼 윈도우'식 광고로도 안 된다. 그것은 '이 제품을 사라. 그러면 구체적으로 이런 특별한 이익을 가지게 된다.'라고 명확히 얘기할 수 있는 것이어야 한다.

- 그 제안점은 경쟁사가 할 수 없거나 하고 있지 않은 단 한가지여야 한다. 우리는 독특한 제안이 담겨 있지 않은 광고를 수없이 많이 본다. 그러나 독특하다고 다 되는 것은 아니다. 판매에 도움을 주지 못한다면 독특한 제안도 소용없다. 어떤 치약광고에 '리본처럼 나와서 칫솔에 납작하게 짜진다.'라는 헤드라인이 있었다. 여기에는 분명한 제안점도 있고 또 메시지도 독특했다. 그러나 소비자를 움직이지는 못했다. 소비자들에게는 중요한 제안이 아니었기 때문이다.

- 그 약속은 수백만 소비자를 움직여 우리 제품으로 끌어올 만큼 가치 있고 강력한 것이어야 한다. 그래야 팔 수 있는 힘을 제공한다.

- 근래에는 4차 산업혁명 시대의 도래로 기술발달에 의해 기존에 없던 제품이 만들어지고 있다. 소비자가 관심을 가질만한 새로운 제품이나 서비스가 나온다면 그 때는 U.S.P. 전략이 가장 강력할 것이다.

(4) 단일 집약적 제안점 S.M.P.: Single Minded Proposition

광고에서는 가장 중요한 한 가지 핵심 포인트만을 내세워야 한다.

광고주는 새로 광고하게 될 신제품에 대한 자랑거리가 너무도 많다. 경쟁사에 없는 제품의 이런저런 장점도 말하고 싶고, 회사의 신뢰도 보여주고 싶고, 특허까지 받은 기술도 자랑하고 싶다. 그러나 광고회사 AE는 계속 '단 한 가지만' 내세우기를 주장한다. '비싼 돈 내고 광고하는데 여러 가지 얘길 해줘야지, 광고비가 아깝지도 않은가?' '한 가지만 좋다고 하는 물건과 여러 가지 좋은 점이 있는 물건 중 어떤 것을 소비자가 좋아할까?' 의아하게 생각한 광고주 사장님이 "왜

■ LG전자 그램

2014년 초경량 프리미엄 노트북 그램 출시 이후 S.M.P.인 그램(g)을 지속적으로 강조

■ 대림 e편한세상

다양한 특장점을 진심이라는 S.M.P.로 제안

한 가지만 내세워야 하느냐?"라고 묻는다. 계속 '한 가지'를 고집하던 AE는 시원하게
대답을 하지 못하고 말을 얼버무리고 만다. 그 15초 CF에는 줄이고 줄여 4가지
콘셉트를 집어넣게 되었고, 어떤 소비자도 그 광고를 기억하지 못했다. 우리

주위에서 흔히 벌어지는 일이다.

　　소비자들은 우리 광고를 보기 위해 TV 앞에 앉거나 스마트폰을 보거나 신문이나 잡지를 펼쳐들지 않는다. 그들은 모두 정보와 광고의 홍수 속에 살고 있다. 그들은 우리 광고를 열심히 보아줄 만큼 한가하지 않다. 그리고 우리 광고 내용을 일일이 기억할 만큼 기억력도 좋지 않다. 그렇기 때문에 제품이 가지고 있는 수많은 장점 중에서 소비자에게 가장 중요하고 경쟁제품과 비교하여 가장 강력한 '단 한 가지' 포인트에 모든 힘을 집중해야 한다.

　　이것을 단일 집약적 제안점(Single Minded Proposition, 이하 S.M.P.로 표기)이라 부른다. S.M.P.는 광고를 통해 말하려는 바를 하나의 메시지로 집약한 것이다. 그러나 단순히 한 가지를 이야기하는 것만으로는 부족하다. 프로포지션 Proposition 은 말뜻 그대로 소비자에게 우리 브랜드를 가지고 프로포즈하는 것이다. 그것은 소비자가 거부할 수 없을 정도로 강력해야 하며 또 살아 있는 생생한 것이어야 한다.

　　S.M.P.는 제조공정이나, 가격 등 제품과 직접 관련된 것에서 찾을 수도 있고, 갈증, 배고픔, 사회적 지위, 자신감 같은 심리적이고 물리적 필요의 충족이나 제품의 계보, 비사용 시의 불이익 등에서도 찾을 수 있다. 감성이나 이미지상의 이점도 제안점이 될 수 있다.

(5) 브랜드 이미지 Brand Image 전략

　　브랜드 이미지란 광고를 통해 의도적으로 계산된 비주얼이나 메시지를 보여 줌으로써 소비자들이 그 광고를 보면 '아! 이거 ○○브랜드 광고구나'라는 것을 연상할 수 있고, 이를 통해 그 브랜드에 대한 특정한 이미지를 갖게 만들고 그것을 바탕으로 구매하게 만드는 광고전략을 말한다.

　　오길비는 브랜드 이미지전략을 가장 효과적인 광고전략이라 믿었다. 그는 또한 "모든 낱개의 광고들은 장기간에 걸쳐 브랜드 이미지를 만드는 작업이어야 한다"라고 말했다.

　　브랜드 이미지가 중요한 수단이 되는 대표적인 제품군은 패션과 향수다. 먼저 패션을 살펴보자. 사람들은 A브랜드가 B브랜드보다 더 좋은 원단을 사용하고 있다거나, 더 바느질이 촘촘하다는 등의 물리적인 이유 때문에 옷을 사지는 않는다. 그러나 사람들은 자신이 좋아하는 브랜드군을 가지고 있으며 쇼핑 시 대부분

▌ 동아오츠카 포카리스웨트
블루&화이트 컬러를 활용한 깨끗함. 청량하고 상쾌한 이미지 등 지속적 브랜드 이미지 유지

그 브랜드군 중에서 마음에 드는 브랜드를 구입하게 된다.

걸모습만은 별 차이가 없는데도 라벨이 폴로 POLO 냐, 아니면 뱅뱅이냐에 따라 그 가격은 10배 이상 차이가 나기도 한다. 그 이유는 무엇일까? 그것이 바로 광고를 통해 형성된 브랜드 이미지다. 폴로를 예로 들어보자. 사실 폴로는 전형적이고 고전적인 스타일의 캐주얼웨어이다. 그러나 사람들은 폴로하면 바로 여유가 있으면서도 요란하지 않은 미국 상류층의 레저를 연상한다. 반면에 같은 캐주얼웨어라도 게스 Guess 는 폴로와 또 다른 이미지를 가지고 있다. 그것은 자유롭고 약간은 퇴폐적이기도 한, 섹슈얼한 이미지를 가지고 있다. 이런 브랜드 이미지들은 지속적인 광고를 통해 형성되는 것으로, 특히 패션제품 구매에 절대적인 영향력을 미친다. 이런 브랜드 이미지 형성을 위해 광고에서는 하나에서 열까지 모든 요소들이 철저하게 계획되어 진다. 예를 들어, 폴로의 경우에는 같은 여자 모델이라도 예쁘다기보다는 성실해 보이는 외모에, 헤어스타일도 단발머리인 경우가 많다. 액세서리도 아주 작은 것으로 절제한다. 반면 게스 광고는 아주 섹시하게 보이는 여자 모델들이 외설스러울 정도로 야한 화장을 하고 등장한다. 헤어스타일도

웨이브가 많은 롱 헤어이고, 문신을 할 정도로 자유분방함을 강조한다.

2) 광고콘셉트 추출

(1) 광고콘셉트 concept 란?

광고주 즉 송신자의 입장에서 광고하는 매개체를 통하여 소비자에게 전달하고자 하는 커뮤니케이션 속의 광고 메시지의 핵심, 이미지 등을 의미한다.

앞의 상황분석에서 광고전략을 수립하기 전에 그 제품을 둘러싼 시장분석, 소비자분석, 경쟁분석, 제품분석을 한다고 했다. 이러한 분석 후 문제점과 기회를 발견하고, 문제점을 해결하기 위한 전략을 한마디로 표현한 것이 바로 '광고콘셉트'이다.

광고콘셉트의 조건은 다음과 같다.

- 광고콘셉트는 전략을 함축하고 있어야 한다. 광고콘셉트만으로도 전략의 방향을 유추할 수 있는 콘셉트가 좋은 콘셉트다.
- 광고콘셉트는 쉽고 강력한 단어로 표현되어야 한다.
- 임팩트를 중시한 나머지 알 수 없는 추상적 단어로 표현해서는 안 된다.

(2) 약속 Promise 이란?

어떤 브랜드가 고객에게 광고 커뮤니케이션을 통하여 제시하는 '약속'으로 소비자가 그 제품을 구입하거나 사용하게 될 때 얻을 수 있는 이익이요, 편익benefit을 말한다. 즉, 그 제품을 사용하면 다른 제품에서는 느끼거나 획득할 수 없는 차별화된 물리적 · 심리적 이익이나 혜택을 드린다는 '약속'이라는 개념이다.

(3) 근거 Support 란?

근거란 광고주가 소비자에게 제시한 '약속'에 대해 신뢰성을 제공해 주는 증빙자료의 모든 것을 말하며 광고 메시지에 대한 기본적인 불신감을 해소해주고 경쟁사의 동일약속에 대한 우월성을 뒷받침해 주는 역할을 한다. 즉, 그와 같은 편익을 줄 수 있다는 확실한 배경은 무엇인가를 밝히는 것이다. 똑같은 약속이라도 어떤 근거로 입증하느냐에 따라 메시지의 강도가 달라질 수 있으므로 적절하면서도 신뢰성 있고 신빙성 있는 근거를 찾아내는 작업은 매우 중요한 일이다.

(4) 약속 Promise 의 작성 방법

약속은 광고전략의 마지막 단계로서 목표소비자 집단이 행동을 일으키는 까닭이며 이유이다. 즉, 어떤 수단을 통하여 행동을 변화시킬 것인가에 대한 핵심적인 방법론을 말하는 것이다.

광고목표가 요구하는 행동의 변화를 달성하기 위하여 '무엇을, 어떻게 말할 것인가'에 대한 답은 수없이 많을 수 있다. 어떤 동종 경쟁 제품이 광고기획서 상에서 광고목표와 목표소비자 집단이 비슷하게 정의될 수도 있을 것이다. 그러나 약속 단계에서는 도저히 같을 수가 없다. 약속은 소비자에게 어떤 약속을 하느냐에 따라 광고의 성패가 좌우되는 광고전략부문의 핵심이라 하지 않을 수 없다. 왜냐하면 모든 광고는 소비자에게 제시하는 약속을 통해 소비자의 마음속에 특별한 관계를 갖도록 하며, 그 결과 경쟁제품보다 자사 브랜드를 더욱 선호하게 함으로써 구매행위라는 행동 변화를 유발시킬 수 있기 때문이다.

그럼 실제로 약속과 근거를 작성하는 방법에 대해 알아보자.

① 먼저 소비자 편익(Benefit)을 찾아라.

약속이란 제품이 제공해주는 주요 소비자 편익을 소비자의 필요와 욕구의 관점에서 이익이 되고 혜택이 되도록 전환하여 소비자에게 전달하는 메시지를 의미한다. 다시 말해 소비자 편익이란 제품이 지닌 모든 장점의 나열을 의미하지는 않으며 그 가운데 소비자가 얻을 수 있는 이익으로서 광고를 통해서 가장 중요하게 전달되어져야할 메시지의 핵심을 의미한다. 광고는 소비자들이 브랜드를 사거나 사용한 대가로 편익이라는 제품의 물리적 속성과 심리적 부가가치를 포함하는 특수하고도 구체적인 의미를 부여해주어야 한다.

예를 들면, "내가 아침을 거르는 대신에 아침마다 간편한 S라면을 먹게 되면(목표) 나는 전보다 더욱 영양의 균형을 유지하게 되어 활동적인 체력을 유지하게 될 것이다(편익)."

위의 예를 보면 다음과 같은 공통점을 발견할 수 있다.

- 모두 주관적인 경험에 대해 언급하고 있다.
  - 편익은 '소비자의 마음속에'있는 것이지 제품 안에 있는 것이 아니다.
- 모두 미래에 대해 언급하고 있다. 바로 그것이 광고이다.
  - 광고란 시청자들에게 그들이 어떤 경험을 하게 될 것인가를 말하는 것이다.
- 편익이란 캠페인 전체로 얻어낼 수 있는 단 하나의 종합적인 결론이다.
  - 반드시 카피나 비주얼 자체에 그 많은 말들이 나타나야 할 필요는 없다.
  - 약속은 광고카피가 아니라 캠페인 전체로부터 느껴지는 무의식적인 학습이다.
  - 약속은 전략의 심장부다. 광고 캠페인의 성패는 바로 여기에 달려 있다.

다시 한 번 강조하지만, 약속은 미래의 이익에 대한 약속이다. 그리고 편익은 제품 안에 있는 것이 아니고 '소비자의 마음속에' 있다. 제품은 속성을 지니고 있는 것이지 편익을 지니고 있는 것이 아니다. 편익은 '미래의 경험'이다. 그것은 광고주가 광고한 브랜드를 사거나 사용하는 대가로 소비자에게 약속하는 경험이다. 편익은 소비자들이 전체 캠페인을 통해 끌어낸 '결론'이다.

② 약속해준 편익은 목표소비자 집단의 행동을 변화시킬 만큼 적절한 내용으로 구성되어 있는지 점검하라.

하나로 집약하는 Single-minded 전략은 메시지를 첨예화시키고 명확하게 만드는 출발점이다. 그러나 하나로 집약하는 것만으로는 부족하다. 메시지는 적절 Relevance 해야 한다. 제품에 적절해야 하고 목표집단에 적절해야 하고 광고가 이룩하고자 하는 구체적인 행동의 변화에 적절해야 한다.

"우리맥주는 독일, 일본, 영국, 캐나다, 그리고 미국을 포함한 15개국에서 생산되고 있습니다"라는 광고 캠페인은 미국의 맥주 소비자들에게 그 같은 사실이 어떤 차이가 있는지를 알려주지 못하는 광고이다.

"우리는 1위입니다.", "우리는 새로운 도약을 하고 있습니다." 등의 광고도 같은 이유로 그것이 목표소비자 집단에게 어떤 이익을 가져다주는지 도무지 깨달을 수 없는 낭비형 광고인 것이다.

제품의 속성이 곧 약속은 아니다. 그 속성이 자신의 필요에 어떤 영향을 미치는지 소비자가 이해하기 전까지는 속성은 약속에 대한 뒷받침조차 될 수 없다.

③ 찾아낸 약속이 경쟁사의 약속보다 더 많은 목표소비자 집단을 더욱 쉽게 움직일 수 있는 강력한 힘이 내재되어 있는가를 점검하라.

④ 찾아낸 약속(promise)이 독창성이 있는가를 점검하라.

광고기획자가 찾아낸 편익과 근거의 요소들이 경쟁사가 하고 있거나 과거에 한 것이라면 문제가 아닐 수 없다. 또한 그 광고전략이 제시하는 총체적 개념의 약속들이 경쟁사가 따라서 흉내 낼 우려가 있거나 목표소비자 집단에게 효과적으로 어필될 수 없는 엉뚱한 차별화(차별화를 위한 차별화)라면 훌륭하게 만들어진 광고라고 평가할 수는 없을 것이다. 다만, 경쟁사와 동등한 속성들로 구성되어 있기 때문에 경쟁사가 흉내 낼 염려가 있다고 판단되는 경우라도 경쟁사의 '나 역시 같은Me Too 전략'을 물리칠 수 있을 만큼 광고 물량이 뒷받침되거나 지금까지 형성된 그 브랜드 개성이 도움이 되는 경우에는 과감하게 시도해도 좋다. 왜냐하면 브랜드 개성이란 하루아침에 쉽사리 만들어지는 것이 아닐 뿐만 아니라 자사 제품이 우위에 있는 경우 경쟁사의 추종전략은 오히려 자사제품의 판매에 도움을 주게 될 수도 있기 때문이다.

그러나 군계일학이 되는 가장 좋은 길은 전략과 표현에서 모두 '패턴을 벗어나는 것'이다. 이 말은 크리에이티브에만 적용되는 말이 아니고 전략에도 함께 적용되는 말이다. 전략을 창안할 때 전략입안자는 '경쟁사가 동일한 이익을 약속하고 있지는 않은지, 그리고 그 뒷받침도 본질적으로 같은 것이 아닌지'를 항상 체크해야 한다. 그리고 만약 그럴 경우 광고기획자는 가능한 새로운 시도를 위해 되돌아서야한다. 적절하면서도 독창적이기는 정말 어렵다. 소비자의 필요에 초점을 맞추기는 그다지 어려운 일이 아니지만 약삭빠른 경쟁사가 역시 그렇게 하고 있을 것이다. 그리고 부적절하면서 독창적이기는 쉬운 일이다. 문제는 적절하면서도 동시에 독창적일 수 있어야 한다는 것이다.

⑤ 복합적 전략을 구사하지 않을 수 없는 경우에는 관련되는 두 목표 집단에 똑같이 적절한 설득력 있는 하나의 약속을 찾아내라.

제품의 구매자와 사용자가 다를 경우 광고기획자는 두 개의 목표 집단을 갖게 됨으로 전략적으로 어려운 문제에 직면한다. 이 경우 가장 이상적인 해결책은 관련 당사자들 모두에게 똑같이 적절한 설득력 있는 하나의 약속을 찾아내는 것이다. 두 목표 집단이 공통의 이해를 갖고 있다면 단일한 약속을 발견할 수 있다.

바디로션은 그 좋은 예다. 바디로션은 1인 독신가구뿐만 아니라 주부까지 다양한 연령층의 소비자가 구매하고 사용한다. 그러나 또한 구매자가 아닌 가족 중 누구도 쓸 수 있으며 이들이 브랜드를 바꾸자는 요청을 할 수도 있다.

한 예로 A 바디로션 광고기획을 한다고 가정해 보면,

- 목표: 광고의 목표소비자 집단이 타 브랜드 바디로션 대신에 A 바디로션을 '사용'하도록 하는 데 있다.
- 목표소비자 집단: 바디로션 사용자들은 샤워 후 끈적이지 않으면서 촉촉한 보습, 기분 좋은 향을 위해 바디로션을 사용한다. 하지만 신체에 유해한 인공적인 성분보다는 천연 성분으로 안심하고 사용할 수 있는 바디로션을 원하고 있다.
- 약속: 당신이 A 바디로션을 쓰게 되면 타 브랜드를 사용할 때보다 안심할 수 있다.
- 뒷받침: A바디로션에는 보습 기능, 은은한 향기를 지닌 천연성분이 들어있다.

이 전략에는 공동의 요구는 지녔지만 상이한 집단들에게 적절한 단일 약속을 하고 있다. 그러나 구매자와 사용자가 서로 상충되는 이해를 갖고 있을 경우에는 문제가 생긴다. 이 경우 단일약속이 효과가 있기에는 어려움이 따른다. 어머니가 구매하고 어린이들이 사용하는 제품이 가장 보편적인 예일 것이다.

구매자가 주부이고 사용자가 어린이일 경우 구매자와 사용자 중 누구를 선택하느냐의 결정은 어느 쪽이 주도권을 갖고 있느냐를 기준으로 판단해야 한다. 주도권은 사용자가 그 제품을 '내 것'이라고 생각하는 정도에 좌우된다. 땅콩버터, 수프, 우유 같은 제품은 전체 가족의 것에 속한다. 따라서 자기 몫을 개별 소유하기는 어렵다. 그러나 사탕이나 장난감, 옷 등은 소유할 수 있다. 이 경우에는 소유자가 브랜드 사용 결정에 가장 우선적인 영향력을 행사한다.

구매자와 사용자의 이해가 일치하지 않는 다른 경우들에서도 마찬가지의 원리가 적용된다. 주도권을 가진 쪽을 목표 집단으로 삼아야 하며 '내 것'이 될 수 있는 상징의 제품은 사용자의 주도권이 가장 높다.

다양한 라인업 제품을 갖고 있으면서 엄브렐러 Umbrella 브랜드인 하나의 브랜드를 사용할 경우 전략은 더욱 복잡한 문제를 안게 된다. 각각의 제품은 예상고객들을 갖고 있을 것이고, 각각의 고객집단들은 각각의 요구를 지니고 있을 가능성이 높다.

이 같은 상황에서도 때로는 단일한 통합적 광고 주제를 찾아낼 수 있다. 예를 들면 S보험 회사는 S라는 이름으로 생명보험, 자동차보험, 그리고 주택보험의 마케팅을 하고 있다. 이 서비스 상품들은 서로 완전히 다른 상품이며 상품에 따라 고객대상도 상당히 상이하고 고객들의 취향도 다르다. 게다가 사용자와 구매자가 같을 수도 있고 다를 수도 있다. 이처럼 이질성이 많음에도 불구하고 '친절한 S보험의 대리인은 당신이 필요로 할 때 바로 그곳에 함께 한다'라는 약속은 매우 경쟁력 있고 설득력 있는 공통 주제로서 효과가 있다. 이 주제는 S보험의 경쟁사들에게는 결여된 속성을 인식시켜 주었으며 기본적으로 공통된 소비자 요구를 직접적으로 소구하고 있다.

(5) 근거 Support 는 어디서 찾을 수 있나?

- 제품 자체의 속성: 내용물, 성분, 신선도, 맛, 향, 외관, 견고성 등
- 제품의 생산 방식: 최신 설비, 최대규모, 자동화, 가내 수공업, 특정 지역, 전통성 등
- 제품 패키지 Package : 편리성, 제품보호능력, 패키지의 2차 사용성, 실용적인 규격 등
- 판매 방식: 유통 경로의 다양성, 신속한 공급, 신선도 유지, 특별 매장, 가격할인 등
- 제품의 구매자 · 사용자: 특별히 현명한 소비자, 특별한 중사용자 Heavy User , 특별한 충성도 보유자, 유명인사 등
- 제품 장점의 입증: 제품의 문제 해결 능력을 실증
- 타인의 견해: 업계의 평판, 소비자의 평가, 유사 모조품의 등장 등

3) 광고콘셉트 추출의 실제

▌ 시디즈 의자 캠페인

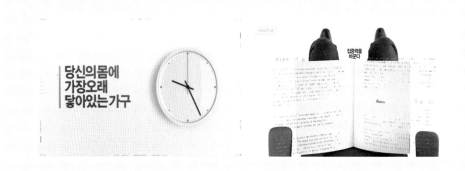

▶ STEP1. 상황분석을 통해 문제점을 발견하다
  - 브랜드 의자 시장은 전체 시장의 10% 수준(의자에서 브랜드를 고려하지 않음)
  - 매출 1위를 해도 큰 의미가 없는 시장
  - 90%를 차지하고 있는 사제의자 시장을 공략해야함

▶ STEP2. 광고목표를 명확히 하다
  - 현재 아무 의자나 사고 있는 사람들에게(타겟)
  - 좋은 의자는 돈을 지불할 가치가 있다는 것을 설득(행동변화의 과정)
  - 가격으로만 의자를 고르는 대신 시디즈를 선택하도록 한다(결과적 행동변화)

▶ STEP3. 소비자의 마음을 움직일 약속을 고민하다
  - 의자의 가치에 대한 고민
  - 의자에서 하는 일: 가장 오래 사용하는 가구이자 공부, 업무 등 매우 중요한 일을
    하는 가구
  - 의자가 중요한 이유 : 공부와 업무의 집중력을 바꿔 성과를 높여준다
  - 근거 : 인체공학적 설계로 올바른 자세 유지

▶ STEP4. 강력한 콘셉트로 표현하다
  - 공부, 업무의 성과를 높여준다(당연하게 들리는 이야기, 좀 더 강력한 약속은?)
  - 공부의 성과, 업무의 성과를 높여준다는 것을 좀 더 가치 있고 새롭게 표현하기 위해서
    공부, 업무는 사람들에게 어떤 의미가 있는지 파악하자
  - 공부, 업무의 성과 : 단편적인 성과가 아닌 이 성과들이 모여 나의 미래를 결정하는
    중요한 일
  - 타겟들의 마음을 움직이는 강력한 콘셉트

'의자가 인생을 바꾼다'

04.
브리프
작성

브리프 Brief 란 광고기획자가 작성하는 전략적 광고기획 양식으로 광고의 기본적인 방향을 합의하기 위해 만드는 지침서이다. 브리프는 기획방향의 핵심을 요약한 문서로 AE가 크리에이티브팀, 매체팀에게 광고 제작이나 매체 플래닝을 의뢰하기 위한 지침서 역할을 한다. 브리프는 외국계 광고대행사인 사치앤사치 Saatchi & Saatchi 의 전략 모델로 개발되어 사용되었으나 현재 대부분의 광고대행사들이 활용하는 양식이 되었다. 국내 광고대행사는 회사마다 고유의 브리프 양식을 개발하여 사용하기도 한다.

브리프는 광고주가 광고대행사에 의뢰를 하면서 작성하는 AD Brief, 광고대행사 AE가 제작팀에 전략방향을 설명하며 제작을 의뢰하는 Creative Brief, AE가 매체팀에 광고주의 매체전략을 의뢰하는 Media Brief 등이 있으며 프로모션, PPL 등 다양한 업무요청 시 브리프를 활용한다.

이번 브리프 작성에서는 AE가 가장 자주 활용하는 Creative Brief에 대해 알아보기로 한다.

1) 브리프의 조건

좋은 브리프를 쓰기 위한 접근법은 객관적, 비판적, 분석적, 또 창조적이어야 한다. 이 중 어느 것도 쉽지 않은 것이다. 이제부터 예를 들면서 살펴보도록 하자.

(1) 객관적

접근법은 주관적 견해가 아닌 '증거'에 그 근거를 두어야 한다. 객관성이란 "그래, 당신은 이 제품이 그 분야에서 최고의 제품이라고 생각하고 있는데, 어째서 그런가?"라는 식의 질문을 던지는 것이다. 그 질문에 대한 답은 브리프를 더욱 좋은 서류로 만들어줄 것이다.

• 예: 점프는 건강한 개를 위한 완벽하고 균형 잡힌 다이어트식이다. 이 제품은

캔에 든 개밥과 혼합식으로 만든 개밥의 두 가지 장점을 동시에 갖춘 제품이다. 고단백 저지방 제품으로, 고기와 곡류와 비타민, 칼슘, 미네랄 등 개에게 필요한 영양분이 모두 들어있다.

(2) 비판적

작성자는 기정사실을 검토해 볼 필요가 있다. 심지어 과거의 가정들에 대해서도 의문을 가질 수 있다. 어쩌면 과거의 가정들이 현재의 문제를 일으켰을 수도 있기 때문이다. 가설들과 접근방법을 개선하기 위해 조사를 요청해야 할 때도 있다.

- 예: 개 사육사들에게는 말린 완제품 개밥이 인기가 있다. 이 점을 활용하여 무조건 캔에 든 개밥을 선택하는 일반대중에게 영향을 끼칠 수 있을까?

(3) 분석적

브리프는 자료의 다각적인 분석을 토대로 해야 한다. "포스터용 카피를 쓴다면 당신을 뭐라고 쓸 것인가?"라는 질문은 사치앤사치 Saachi & Saachi 의 한 유능한 CD가 즐겨 던지던 질문인데 아주 좋은 훈련법이다.

- 예: 점프는 개를 위한 건강식이다.

(4) 창조적

데이터의 사실들 때문에 브리프의 요점이 흐려지거나 둔탁해져서는 안 된다. 데이터에 신선한 통찰력과 시각을 부여하여 매체와 크리에이티브 팀원들을 자극할 수 있어야 한다.

- 예: 오늘날의 여성들은 자신과 가족들의 건강 다이어트에 관심을 갖고 있다. 그들에게 개의 다이어트에 관해서도 관심을 갖게끔 설득할 수 없을까?

2) 브리프 작성방법

브리프 작성은 광고기획서를 작성하는 것과 같다. 광고기획서가 여러 장의 PPT 문서로 구성된다면 브리프는 기획서를 요약하여 1~2장으로 작성하는 것이다. 따라서 앞서 학습한 광고기획의 과정이 브리프에 모두 포함된다.

Creative Brief (1)

- 광고주(Client):   ● 브랜드(Brand):
- 프로젝트명(Project):   ● 작성날짜(Date):   ● 작성자:

배경(Background)

상황분석 요약(시장, 경쟁사, 자사, 소비자)

광고타겟

인구통계학적(Demographic) 분석	심리학적(Psychographics) 분석

광고목표

현재 타겟의 인식 / 행동	광고 후 타겟의 인식 / 행동
→	

Creative Brief (2)

광고목표를 달성하기 위한 아이디어 / 인사이트 / 약속 그리고 근거

아이디어 / 인사이트 / 약속	근거(Reason to Believe)

광고콘셉트

크리에이티브 가이드라인(Creative Guideline)

기타 고려요소

(1) 광고주 · 브랜드 Client · Brand

이 부분은 기본적인 것으로 정확하게 기술해야 한다. 광고주는 자기 회사이름과 브랜드명을 잘못 기재하는 것을 불쾌하게 생각한다. 특히, 회사명과 브랜드명을 혼돈하는 경우가 있으므로 주의해서 작성하도록 한다.

- 예 : 회사명 : 스터디맥스 / 브랜드 : 스피킹맥스

(2) 프로젝트명 Project

브랜드명처럼 간략히 기술하라. 혹은 프로젝트명의 약호를 쓴다.

- 예: TROMM의 런칭 TV광고

(3) 작성날짜 Date / 작성자

브리프 작성날짜와 브리프를 작성한 사람의 소속 및 이름 등을 기입한다.

(4) 배경 Background

해당 프로젝트를 진행하게 된 배경을 간략하게 설명한다. 오리엔테이션에서 광고주는 해당 광고를 진행하게 된 배경을 설명해주게 된다. 그 이유는 신제품 출시, 환경 변화로 인해 자사 제품의 매출 증대, 경쟁사 신제품 출시 및 공격적인 마케팅으로 인한 광고의 필요성 등 '이번 광고가 왜 필요한지'에 대한 공감대를 높이며 광고전략 수립 및 제작 시 고려해야 할 요소가 된다. 담당AE는 광고주의 상황, 이슈 등을 제작팀에게 설명해 줌으로써 광고주에 대한 이해도를 높일 수 있다.

- 예: LG전자 건강관리가전 통합 캠페인
    - 미세먼지로 인해 트롬 스타일러, 공기청정기, 건조기 등 매출 급증
    - 개별 브랜드 광고 외 건강관리가전 제품 4종
        (스타일러, 공기청정기, 건조기, 정수기)
    - 통합 캠페인을 통해 건강관리가전 대표 브랜드로 포지서닝

(5) 상황분석 요약

시장, 경쟁사, 자사, 소비자 분석의 내용을 요약하여 정리한다. 상황분석에서 기획자는 많은 양의 자료를 접하게 되지만 브리프에는 핵심적인 내용만 기입하며 4가지 항목 중 중요하지 않은 부분은 생략 가능하다. 또한, 상황분석은 객관적 자료를 토대로 작성되어야 한다.

(6) 광고타겟

광고타겟은 인구통계학적 분석은 물론 라이프스타일, 소비자 니즈, 행동양식 등 심리학적 분석의 내용까지 함께 기입하도록 한다.

(7) 광고목표

광고목표는 구체적이어야 한다. 어떤 행동의 변화를 통해 어떤 결과를 달성할 것인지 기입하거나 현재 타겟의 생각과 행동을 광고를 통해 어떻게 변화시킬 것인지 기입하도록 한다.

(8) 광고목표를 달성하기 위한 인사이트 / 아이디어 / 약속 그리고, 근거

광고목표를 달성하기 위해 어떠한 전략을 활용할 것인가에 대한 항목이다. 광고의 핵심 아이디어를 정리하는 항목으로 그 아이디어가 왜 효과가 있는지에 대한 근거 Reason To Believe 를 제시할 수 있어야 한다. 근거란 광고의 약속, 주장을 믿게 해주는 이유로 브랜드의 특장점, 타겟의 특성 등에서 발견한다.

(9) 광고콘셉트

타겟에게 하고 싶은 이야기, 약속을 기억에 남는 한 단어로 표현한다. 광고콘셉트은 광고기획을 한마디로 표현하는 것으로 임팩트 있는 단어가 필요하다. 하지만 독특하고 차별화에 치중한 나머지 이해하기 어려운 광고콘셉트를 도출하는 경우가 있는데 이것은 잘못된 콘셉트다. 콘셉트은 누가 들어도 쉽게 이해할 수 있으면서도 임팩트 있게 표현되는 것이 중요하다.

(10) 크리에이티브 가이드라인 Creative Guideline

광고제작시 참고할 내용으로 광고의 분위기인 톤앤매너 Tone & Manner, 모델전략, 표현기법, 광고에 꼭 필요한 필수요소 등을 정리한다.

(11) 기타 고려요소

광고제작 스케줄, 예산, 기타 참고사항을 정리한다.

3) 브리프 작성사례

① 광동제약 레돌민

Creative Brief (1)		
● 광고주: 광동제약	● 브랜드: 레돌민	
● 프로젝트명: 2016 레돌민 TV광고	● 작성날짜: 2016.0.0	● 작성자:

배경(Background)

- 2015년 레돌린 출시 및 런칭 광고 집행
- 광고효과 조사결과 '잘자요~' 카피에 대한 연상 비율은 높으나 차별점인 [생약성분 수면 유도제]에 대한 인식 낮음
  → 구매유도로 연결되지 않음(여전히 수면제로 인식)
- 2016년 광고는 레돌민을 '생약성분으로 부작용에 대한 걱정 없는 수면 유도제'로 인식시키는 것이 필요
  → 기존 습관성/중독성이 있는 수면제와 차별화를 통한 Sales Up

상황분석 요약(시장, 경쟁사, 자사, 소비자)

1) 시장 및 경쟁자
- 수면장애 환자 증가: 46만 ('10) → 72만 ('15)(출처 : 국민건강보험공단, 병원 치료자 기준)
- 수면제 의약품 시장: 170억 원('07) → 400억('15)으로 성장 중이나 일반 의약품 시장 규모는 100억원 미만 예상
- 향정신성 수면제 부작용 논란(습관성 및 중독, 최면, 환각 등)으로 비향정신성 수면제 시장에 대한 관심 증대
  - 전문의약품 비향정신성 수면제: 서카딘(건일제약, 2014년 출시)/ 사일레노(CJ헬스케어, 2015년 출시)
  - 일반의약품 비향정신성 수면제(레돌민의 직접적 경쟁제품): 졸리민(동성제약, 2005년 출시)/ 쿨드림(녹십자제약, 2009년 출시)/ 슬리펠(한미약품, 2011년 출시) 등 다수의 제품이 판매되고 있으나 인지도 및 구매경험 매우 낮은 편
- 의약품 시장보다는 수면 관련 용품시장의 강세: 약 2조원(침대, 침구, 차, 수면분석App, 수면분석관리센서 外)

2) 자사
- 2015년 출시(완제품 수입)
  - 스위스 생약전문 제약사 막스 젤러사에서 1996년 발매, 9개국에서 판매되는 세계적인 생약 수면유도제
  - 국내 최초 생약 성분 수면 유도제로 부작용이 적고 안전성 높음
  - 북유럽의 백야를 극복하게 한 약초인 길초근과 호프를 주성분으로 사용
- 복용방법 및 효능
  - 복용방법 : 1개월 이상 복용 시 효과(최소 1주일 복용 필요), 1일 1정(6~11세 : 0.5정)
  - 효능 : 생체 수면 리듬 정상화(안정적 수면 패턴 유지로 푹 잘 수 있도록 도와줌)
- 기존 광고
  - 라디오 심야 프로그램 DJ로 활동하며 '잘자요~' 유행어를 남긴 성시경을 모델로 활용
  - 전달 메시지 : 약국에서 구매 가능한 생약성분 수면 유도제, 수면리듬 정상화

3) 소비자
  - 수면장애 환자 남자 < 여자(1.5배)
  - 50대가 가장 많은 비율을 차지하나 이미 병원 및 전문 의약품에 의존 다수
  - 수면장애가 심각한 경우를 제외하고 병원 치료 및 의약품 복용에 대해 부정적

광고타겟

인구통계학적 (Demographic) 분석	심리학적 (Psychographics) 분석
2539 여자	● 바쁜 생활, 불규칙한 생활, 스트레스 등으로 인한 수면장애 　- 바쁜 회사 업무 / 회사일과 가사를 동시 수행 / 잦은 야근 등 ● 수면장애로 불편함을 느끼지만 수면제 복용에 대한 부정적 인식 　- 병원 치료가 필요한 수준의 심각한 수면장애는 아닌 그녀들 　- 제대로 된 수면에 대한 간절한 니즈가 있으나 수면제 부작용에 대해 　　거부감이 심해 참거나 침구 교체, 따뜻한 차 음용 등 간접적 노력 ● 수면유도제도 수면제와 동일하거나 유사하게 인식

Creative Brief (2)

광고목표

수면에 대한 문제가 있으나 약물 치료에 대한 부담이 있는 타겟들에게
레돌민을 안전하고 효과적인 최적의 수면관리 Solution으로 인식

현재 타겟의 인식 / 행동	광고 후 타겟의 인식 / 행동
[기존의 수면제/수면유도제]는 – 부작용이 있을 수 있으니 안 먹는 게 좋지 – 정말 심각한 사람들이나 먹는거야 – 그래, 잠 잘 오는 따뜻한 차나 한 잔 하고 자자	[레돌민]은 – 부작용 없이 안전한 수면유도제구나 – 심각한 상태가 아니어도 수면에 문제가 있다면 생약성분으로 안전한 레돌민을 복용하는 게 좋지

광고목표를 달성하기 위한 아이디어 / 인사이트 / 약속 그리고 근거

아이디어 / 인사이트 / 약속

■ 인사이트(Insight): 수면문제 보다는 숙면문제에 더 큰 관심과 공감
  – 증세가 심각한 소비자는 이미 병원 방문 일반 의약품에 대한 낮은 관심
  – 다수의 사람들이 심각한 불면증 보다 제대로 자는 게 어려운 숙면의 어려움
  – 숙면 문제는 바쁘고 스트레스에 지친 현대인의 자연스러운 현상으로 인식
    → 단, 숙면이 건강이고 경쟁력이라는 생각/해결에 대한 니즈는 강한 편
  – 숙면 문제의 경우 의약품 치료보다 생활습관 개선, 침구 등 관리용품 사용

■ 소비자 약속: 숙면을 위한 영양제, 레돌민
  – 부작용에 대한 거부감을 줄일 수 있는 방법(중독성, 습관성이 없는 영양제)
  – 일시적 치료보다는 지속적 관리 필요

근거(Reason to Believe)

• 레돌민 제품
  – 생약 성분: 길초근과 호프(약보다는 영양제와 유사한 성분)
  – 수면 리듬 관리 : 인위적 효과과 아닌 생체 수면 리듬 정상화를 통한 근본적 문제 해결(영양제와 유사한 효과)
  – 복용방법: 하루 한 알, 1개월 이상 복용 시 효과(영양제와 유사한 복용법)
• 건강기능성식품(영양제) 시장
  – 국내 건강기능성식품(영양제)는 현대인의 필수품으로 시장 규모 약 2조원

광고콘셉트

하루 한 알
숙면관리

크리에이티브 가이드라인(Creative Guideline)

• 길초근과 호프로 백야를 극복한 유럽인의 스토리 직접적 활용방안 검토
  → 영양제/건강식품 이미지를 강화할 수 있는 방안
• 신뢰감 있는 모델 제안(ex. 아나운서, 의사 등 전문가)
• 수면리듬 관련 비주얼 표현
• 하루 한 알, 1개월간 복용 필요성 전달

② 위닉스 제습기

Creative Brief (1)

● 광고주: 위닉스　　　　● 브랜드: 위닉스 제습기

● 프로젝트명: 위닉스 제습기 TV광고　　● 작성날짜: 2012.0.0　　　　● 작성자:

배경(Background)

- 제습기 시장 성장 추세 속에서 제습기 1위 브랜드로서 광고를 통해 매출 극대화
  - 제습기 전체 시장 확대
  - 경쟁사(LG, 삼성, 코웨이 등) 광고 집행 전 소비자 인식 선점 필요 → 확고한 1위
- OEM으로 성장해 온 중소가전회사 위닉스의 자체 브랜드 파워 강화
  - 위닉스의 대표상품인 제습기를 통해 위닉스 브랜드 인지도, 호감도 증대

상황분석 요약(시장, 경쟁사, 자사, 소비자)

- 제습기 시장 / 소비자 / 경쟁사
  - 지속적 성장 및 최근 성장세 강화: 2만대(2008년) → 4만대(2009년) → 15만대(2010년)
    → 25만대(2011년) → 45만대(2012년 예상)
  - 하지만, 타 가전 대비 여전히 작은 시장
    cf.2011년 타 가전 판매량: 에어컨 180만대 / 공기청정기 90만대 / 정수기 170만대
  - 비가 많이 오는 지역 / 지하 거주자 / 산모 또는 영유아가 있는 가정 등 직접적 필요성이 있는 가구 중심 수요
  - LG, 삼성, 코웨이, 위니아 등 대부분의 가전 브랜드가 제습기 판매하나 적극적 마케팅은 하지 않음
- 위닉스 제습기
  - 위닉스는 별도 제품 브랜드 미사용 (Corporate Brand를 모든 제품 카테고리에 사용)
    → 위닉스 제습기, 위닉스 정수기, 위닉스 공기청정기
  - 기존 커뮤니케이션: 습기 해결사, 위닉스 제습기(습기의 1차적 피해에 집중)
  - 타사 대비 차별화된 기능적 특장점은 없으나 '판매량 1위 제습기'로 사용자의 추천이 많은 편(가격 30~40만원)
  - 주요 유통채널: 홈쇼핑(신규 TV광고 홈쇼핑 사용 및 광고콘셉트 쇼호스트를 통해 전달)

  ▶ 성장기 초기, 현재 경쟁사의 미 대응 Market Share, Mind Share 모두 확고한 1위 가능한 시장
  ▶ 특정 소비자만 구매하는 니치(Niche) 시장이 아닌 생활필수품으로 인식시켜 시장 확대 필요

광고타겟

인구통계학적 (Demographic) 분석	심리학적 (Psychographics) 분석
2554 주부	• 현재 제습기의 필요성을 느끼지 못하는 주부 　- 습기의 피해가 심각하지 않은 집에 거주(습기로 인한 곰팡이 無) 　- 여름에 덥고 습기 많은 것에 대해 당연하다고 생각 　- 에어컨, 물먹는 하마 사용 • 신제품 구매에 신중하지만 관심도 및 필요 시 구매의사 높음 • 자신뿐만 아니라 가족들의 건강관리에 관심

광고목표

나와 습기는 상관없다고 생각하는 사람들에게
습기에 대해 밀접하게 생각하게 만들어 제습기의 필요성을 느끼게 한다

현재 타겟의 인식 / 행동		광고 후 타겟의 인식 / 행동
[특정 사람들에게만 필요한 제습기]는 - 곰팡이가 생기는 습기 피해가 심각한 집 - 산모나 어린아이가 사는 집	→	[나에게 꼭 필요한 제습기]는 - 습기의 직접적 피해가 없더라도 필요한 - 산모, 영유아가 없더라도 필요한 생활 필수품

Creative Brief (2)

광고목표를 달성하기 위한 아이디어 / 인사이트 / 약속 그리고 근거

아이디어 / 인사이트 / 약속

■ 인사이트(Insight): 여름철이 되면 2554 주부들의 고민이 더 커진다
- 2554 주부의 주 관심사: 건강 / 자녀 성적 / 피부미용
- 여름철 해당 관심사에 대한 고민 높아짐
  - 요즘 잘 못 잤더니 너무 피곤해요. 남편도 잠을 잘 못자요
  - 아이가 공부에 집중을 못해서 걱정이예요
  - 여름철만 되면 빨래가 잘 마르지 않아요

■ Solution: 타겟의 주요 관심사를 습기와 연결한다
  - 여름철 고민(만성피로, 자녀 성적, 망가진 피부)의 원인은 모두 습기
  - 여름철 각종 불편함과 고민을 습기 탓으로 인식하게 만들어 시장 확대

근거(Reason to Believe)

- 2554가구 수: 1090만 가구 경제활동 인구의 60%는 피로/30%는 만성피로(숙면 불가시 피로 누적)
- 초중고학생 수(재수생 포함): 687만명 / 약 290만 가구(여름방학은 성적향상 주요시기)
- 2554여성 수: 1220만 62.6%가 피부미용에 민감(습기로 인한 유해세균 피부에 악영향 / 모공 문제)

광고콘셉트

여름철 피로, 자녀성적, 피부……나빠진다면
습기를 의심하자

크리에이티브 가이드라인(Creative Guideline)

- 빅모델 활용 : 대기업 브랜드 대비 신뢰도가 낮은 브랜드 빅모델의 보증효과 필요
- 이성적 전달 보다는 타겟의 공감을 유도할 수 있도록 친근하게 메시지 전달
- 단, 광고 엔딩에서 습기의 위험성 고지 / 제습 효과 시각화 필요(예.물먹는 하마 물이 차서 버려지는 장면)
- 멀티 소재 제작 : 타겟의 주요 관심사별 소재 제작(2~3편 시리즈)
- 브랜드 Jingle 제작 : 브랜드 각인 효과

기타 고려요소

- 펫네임 활용 : 위닉스 뽀송
  - 카테고리 Key Concept인 뽀송 선점
  - 위닉스 브랜드를 그대로 활용하여 Corporate Brand 인지도 증대
  - 타 카테고리 확장 시 용이(위닉스 제습기 사용 시 '위닉스=제습기' 인식 고착화)
- Brand Slogan : 습기 해결사 대한민국 1등 제습기
- IMC Idea 제안 필요
- 첨부자료 : 팩트북, Kick Off 자료

5장

광고기획의 강화

지금까지 광고기획에 필요한 필수요소(상황분석, 타겟설정, 광고목표, 콘셉트 도출 등)를 살펴보았다. 그 내용은 TV광고, 라디오광고, 인쇄광고, 디지털광고, IMC 캠페인 등 어떠한 광고전략을 수립하든 필수적인 내용이다. 인쇄광고 한편을 만들더라도 상황분석이 필요하고 타겟, 광고목표, 콘셉트가 필요하다.

그렇다면 캠페인별 광고기획을 강화하기 위해서는 어떤 점을 고려해야 할까? 기획력 강화를 위해 알아두면 도움이 되는 설득 이론은 무엇일까? 이러한 물음에 대한 답변으로 캠페인 종류별 전략 수립 시 유의점, 설득이론 등을 학습함으로써 기획의 수준을 높이도록 한다.

01.
캠페인 종류별
기획

1) IMC Integrated Marketing Communication 캠페인

　　IMC란 Integrated Marketing Communication의 약자로 통합적 마케팅 커뮤니케이션을 의미한다. 한마디로 기업의 모든 마케팅 활동을 통합적으로 운영하는 것이다. 기업은 광고(TV, 라디오, 신문, 잡지, 옥외, 디지털 등)와 함께 PR Public Relations , SP Sales Promotion 등 다양한 마케팅 채널을 활용한다. 이 때 각 채널에서 다른 메시지를 전달하는 것이 아니라 일관된 메시지를 전달함으로써 효과를 높이는 것이 IMC이다.

　　IMC는 각 채널을 일관성 있는 목소리로 통합함으로써 '부분의 합은 전체보다 크다'라는 전제에 기반한다. 채널들은 통합된 메시지로 시너지를 발휘하게 되고 각 채널에서 다른 목소리를 내는 것보다 큰 효과를 거둘 수 있다.

　　IMC를 효과적으로 운영하기 위해 전략적으로 중요한 요소는 무엇일까? 기획자는 무엇을 고려하여 전략을 수립해야 할까? IMC는 모든 채널에서 '하나의 통합된 메시지/이미지'를 전달하는 것이라고 했다. 전략적으로 가장 중요한 것도 바로 그것이다. 하나의 통합된 메시지/이미지를 전달하기 위한 핵심 아이디어를 찾아내야 한다. 그 핵심 아이디어를 드라이빙 아이디어 Driving Idea 또는 빅 아이디어 Big Idea 라고 부른다. 통합마케팅커뮤니케이션 IMC 캠페인에서의 빅아이디어 Big idea /드라이빙 아이디어 Driving Idea 의 조건은 다음과 같다.

- 일반적인 광고기획의 광고콘셉트 역할을 할 수 있어야 한다.
   (타겟에게 전하고자 하는 약속이자 광고의 주장이다)
- 단어뿐 아니라 컬러, 모양, 소리 등 다양한 방법으로 표현할 수 있어야 한다.
- 모든 마케팅 채널에서 활용할 수 있어야 한다.
- 캠페인 전체를 이끌고 갈 수 있을 만큼 강력해야 한다.

　　특히 최근 IMC에서 중요하게 고려되는 매체는 디지털이다. IMC에서 전통적인 매체들이 하나의 노출 접점으로서 역할을 수행하고 있다면 디지털은 소비자들의

브랜드	BIG IDEA (DRIVING IDEA)	활용전략
SSG닷컴	쓱 (SSG)	브랜드명이자 쉽고, 빠르고 편리한 행동을 의미하는 부사 '쓱'. TV광고, 신문광고, 옥외광고, 배송차량 등 모든 채널에서 쓱 (SSG) 강조. "쓱 주문해봐, 쓱 배송 등"
S-Oil	구도일 (캐릭터)	· 좋은 오일을 의미하는 '구도일' 캐릭터 활용 · 광고, 프로모션, POP, 온라인 등 적극적인 활용 · 다양한 소비자 접점에서 구도일을 통한 호감도 증대

참여와 공유, 신기술을 기반으로 새로운 경험을 제공함으로써 통합 마케팅 커뮤니케이션의 효과를 더욱 높여준다.

예를 들어, 대한항공은 2017년 디지털 캠페인을 통해 소비자 참여를 유도하는 '나의 스페인행 티켓' IMC 캠페인을 진행하였다. 이 캠페인에서 IMC 빅 아이디어는 '스페인행 티켓'이다. 스페인행 티켓은 TV광고, 인쇄광고, 옥외광고 속에서 일관성 있게 표현되고 디지털 기술을 통해 시너지는 더욱 커졌다.

먼저 TV광고는 '스페인 여행을 꿈꾸게 할 티켓이 내 손안에 있다면?'이라는 가정하에 일어날 수 있는 상상 속 여행을 감성적으로 표현한다. 바르셀로나, 마드리드, 세비야 등 매력적인 도시의 모습이 아름답고 역동적인 영상으로 표현되었다. 또한, 공항 리무진, 버스쉘터, 지하철 스크린도어, 인쇄광고 등에서도 '스페인행 티켓' 이미지를 활용하여 스페인의 도시를 일관성 있게 보여주었다.

그러면서 대한항공은 소비자 참여 디지털 이벤트를 진행하였다. 소비자들은 이벤트 참여를 위해 앱스토어 및 구글 플레이스토어에서 '스페인행 티켓' 모바일 어플리케이션을 다운로드 받아야 한다. 이 어플리케이션은 대한항공이 광고 영상에 숨겨놓은 비가청 영역 주파수[7]를 실시간으로 인식하고 광고가 나올 때마다 활성화되어 소비자가 게임에 참여할 수 있도록 하였다. 사용자는 간단한 게임 진행을 통해 스페인의 주요 여행 소재를 담은 가상 티켓을 획득할 수 있다. 총 28종의 티켓을 모두 모은 경우 이벤트 참여가 가능하며 추첨을 통해 스페인 왕복 항공권 2매 등 푸짐한 경품을 제공하였다. 또한, '스페인행 티켓' 어플리케이션에서는 다양한 VR 영상과 이미지를 통해 스페인의 주요 여행지에 대한 유용한 여행정보를 확인할 수 있도록 하였다.

---

7 사람의 귀에는 들리지 않지만 스마트폰 어플리케이션에서는 소리를 감지할 수 있는 영역의 주파수. 광고에 비가청 영역의 주파수를 심어 놓으면 시청자들은 그 소리를 들을 수 없지만 스마트폰의 어플리케이션은 소리를 인식하고 팝업 메시지 등을 보낼 수 있다.

■ 대한항공 스페인편 IMC 캠페인 (나의 스페인행 티켓) 개요

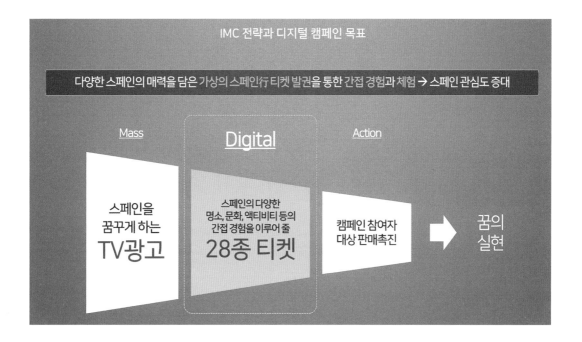

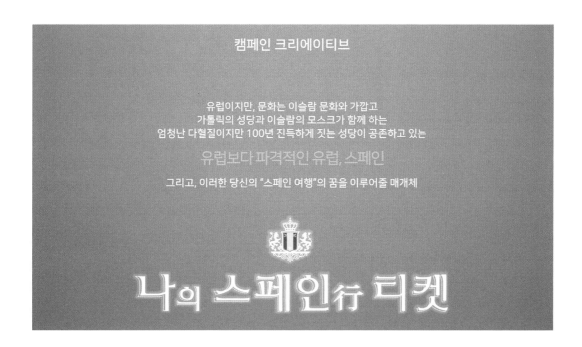

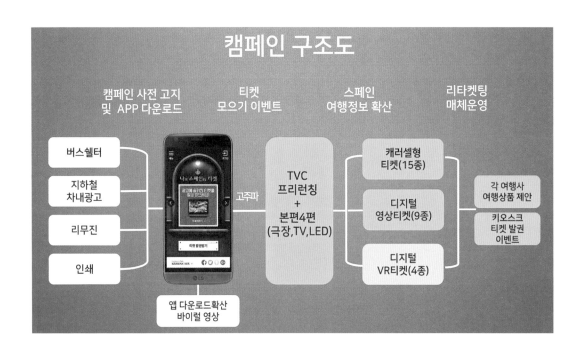

캠페인 구조도

캠페인 사전 고지 및 APP 다운로드 · 티켓 모으기 이벤트 · 스페인 여행정보 확산 · 리타켓팅 매체운영

버스쉘터 / 지하철 차내광고 / 리무진 / 인쇄

고주파

TVC 프리런칭 + 본편4편 (극장,TV,LED)

캐러셀형 티켓(15종) / 디지털 영상티켓(9종) / 디지털 VR티켓(4종)

각 여행사 여행상품 제안 / 키오스크 티켓 발권 이벤트

앱 다운로드확산 바이럴 영상

TV광고

인쇄 광고

옥외 (버스쉘터)

옥외 (리무진)

옥외(지하철)

키오스크 티켓 발권 오프라인 이벤트

TV광고 및 디지털로 집행되고 있는 티켓을 소장할 수 있는 프로모션을 통해
지상파 광고 / 온라인 캠페인 / 오프라인 소비자 경험의 밀접한 연관성 형성

키오스크 티켓 발권 참여자수: 3,971명
포토티켓 실제 출력 매수: 7,576명

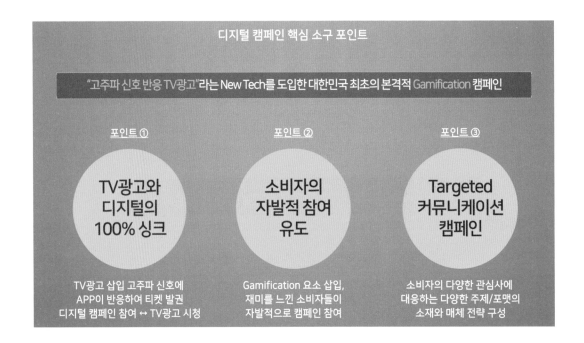

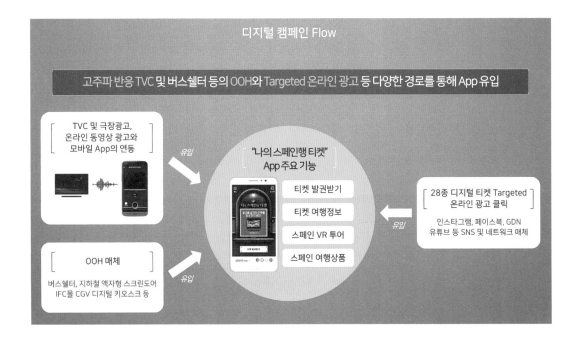

디지털 캠페인 핵심 크리에이티브 28종 "스페인行 티켓"

랜드마크, 박물관, 액티비티 등 다양한 스페인의 매력을 담은 28종의 가상 티켓
게임 오브제와 동시에 관심사 별 Targeted 온라인 광고 소재 및 여행정보 제공 역할

Lv.1 / 총 10종   Lv.2 / 총 10종   레어템 / 총 4종   VR투어 / 총 4종

티켓 별 레벨 / "꽝" / "미니경품" 및
최단 기간 / 최다 티켓 수집 이벤트 등
참여자의 수집 욕구 자극

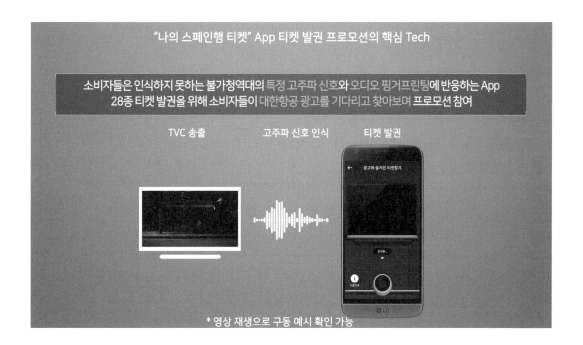

"나의 스페인행 티켓" App 티켓 발권 프로모션의 핵심 Tech

소비자들은 인식하지 못하는 불가청역대의 특정 고주파 신호와 오디오 핑거프린팅에 반응하는 App
28종 티켓 발권을 위해 소비자들이 대한항공 광고를 기다리고 찾아보며 프로모션 참여

TVC 송출   고주파 신호 인식   티켓 발권

* 영상 재생으로 구동 예시 확인 가능

고주파 인식 기능

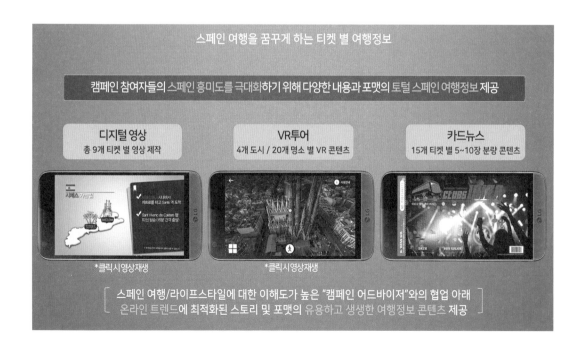

스페인 여행을 꿈꾸게 하는 티켓 별 여행정보

캠페인 참여자들의 스페인 흥미도를 극대화하기 위해 다양한 내용과 포맷의 토털 스페인 여행정보 제공

디지털 영상
총 9개 티켓 별 영상 제작

VR투어
4개 도시 / 20개 명소 별 VR 콘텐츠

카드뉴스
15개 티켓 별 5~10장 분량 콘텐츠

*클릭시영상재생

*클릭시영상재생

스페인 여행/라이프스타일에 대한 이해도가 높은 "캠페인 어드바이저"와의 협업 아래
온라인 트렌드에 최적화된 스토리 및 포맷의 유용하고 생생한 여행정보 콘텐츠 제공

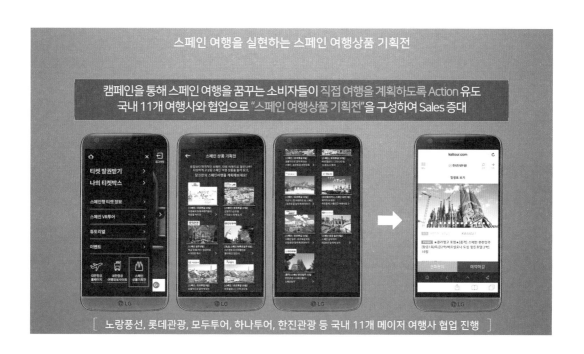

20대 취업준비생을 타겟으로 좁혀 젊은 청년들에게 하고 싶은 두산의 이야기 전달

2) 기업PR 광고

기업PR 광고는 기업의 역사·정책·규모·기술·업적·철학 등을 광고함으로써 기업에 대한 신뢰와 호의를 널리 획득하고, 경영활동을 원활히 수행하기 위한 광고이다. 기업은 기업이미지 광고를 통하여 기업문화, 기업 구성원의 특징, 최고경영자의 가치관 등 기업과 관련된 바람직한 연상을 불러 일으켜 소비자와 우호적인 관계를 형성하는 데 목적을 두고 기업의 사회적 책임, 최고의 품질, 혁신성, 고객지향성 등 기업이 주장하는 메시지를 이용하여 기업에 대한 호의적인

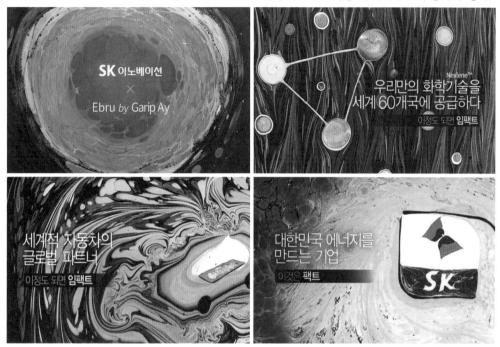

▌ SK이노베이션 '혁신의 큰 그림을 그리다'
20~30대를 타겟으로 젊고 감각적인 이미지 전달 (경쟁 PT시 대학생 심사위원단 구성하여 평가)

이미지와 관심을 제고시킨다.

　　기업PR 광고전략 수립 시 많은 기획자들이 상품광고에 비해 어려움을 겪는다. 그 이유는 광고해야 할 대상인 기업은 상품에 비해 광범위하고 하나의 특장점으로 규정하기 어렵기 때문이다. 또한, 기업의 철학, 추구하는 가치에서 독특함을 찾아보기가 쉽지 않다. 기업이 추구하는 가치는 대부분 큰 의미를 전달해야 하므로 행복, 희망, 상생, 도전 등 비슷한 개념들이 다수이다. 이러한 상황 속에서도 차별화된 기업PR 광고전략이 필요하다.

　　성공적인 기업PR 광고를 위해 고려해야 할 사항은 다음과 같다.

(1) 타겟을 좁힌다

　　기업PR 광고전략 수립 시 많은 광고주들은 타겟을 폭넓게 설정한다. 대부분의 기업은 전 국민을 대상으로 제품과 서비스를 제공하기 때문이다. 하지만 기업PR 광고는 타겟을 좁힐수록 더 좋은 광고를 만들 수 있다. 타겟이 좁혀지면 메시지와

▋ NH농협 '대한민국 행복꿈틀'
건강한 먹거리, 편안한 쉼터 등을 제공하는 농업·농촌의 가치 향상을 통해 국민들의 행복을 지키는 기업 이미지 구축

▋ 한화 '나는 불꽃이다'
한화의 핵심 사업인 태양광사업 광고(좌)와 함께 일반인들이 잘 알지 못하는 초정밀 항공엔진 기술(우) 광고로 새로움을 전달

광고 표현이 명확해지기 때문이다.

　타겟을 좁히기 위해 기업이 어떤 연령층에 더 집중해야 할지 고민해야 한다. 예를 들어 기업 이미지가 노후화 되어 있다면 20~30대 타겟을 중심으로 커뮤니케이션하여 이미지를 젊게 만드는 것이 중요하다.

(2) 기업의 본질, 핵심 사업을 강조한다

　기업PR 광고의 차별화를 위해서는 기업이 제공하는 제품과 서비스의 본질, 핵심 사업에 집중할 필요가 있다. 그 사업이 얼마나 중요하고 필요한지에 대한 공감은 기업에 대한 호감도로 연결되기 때문이다.

　단, 기업의 본질, 핵심 사업을 전달하더라도 지나치게 일방적인 메시지는 타겟의 공감을 얻기 힘들다. 중요한 점은 '어떤 사업을 하느냐', '어떤 철학을

지니고 있느냐보다 '그 사업과 철학이 타겟들의 삶에 왜 중요한가', '대한민국의 발전에 얼마나 도움이 되는가'이다.

(3) 국민들이 잘 알지 못하는 기업의 업적, 성과를 보여준다

일반적으로 기업PR 광고에서 보여지는 기업의 업적과 성과는 기업의 핵심 사업으로 많은 사람들이 이미 알고 있는 경우가 많다. 기업은 이미 알려져 있는 사업의 내용을 얼마나 가치 있게 전달할 것인지 고민한다.

하지만 기업PR 광고전략 수립 시 이미 잘 알려진 사업 외에도 새로움을 줄 수 있는 사업이 있는지 살펴 볼 필요가 있다. 물론 새롭다고 해서 무조건 광고소재가 될 수 있는 것은 아니다. 기업의 이미지를 견인할 만큼 중요한 사업이어야 한다.

(4) CSR Corporate Social Responsibility 을 넘어 CSV Creating Shared Value 을 고민하라

기업의 사회적 책임CSR이란 기업의 이해 당사자들이 기업에 기대하고 요구하는 사회적 의무들을 충족시키기 위해 수행하는 활동으로, 기업이 고유 비즈니스 활동을 통해 수익을 창출 한 후 그 일부를 기부, 자원봉사, 소외계층 지원 등을 통해 사회에 환원하는 것이다. 기업의 CSR 활동은 기업PR 광고의 소재로 자주 활용된다. 사회를 위해 좋은 일을 하는 착한 기업 이미지를 구축할 수 있기 때문이다.

하지만 최근 기업의 사회적 책임에 대한 관점은 CSR에서 CSV로 변화하고

▮ **현대자동차그룹 기프트카 캠페인**
현대자동차그룹의 핵심 비즈니스인 자동차를 활용하여 저소득층 자립, 청년 일자리 창출

코웨이의 핵심 사업인 정수기가 제공하는 깨끗한 물을 통해 변화된 10대 청소년들의 생활습관, 건강 등을 통해 기업의 가치 전달

있다. CSV는 Creating Shared Value의 약자로 공유가치 창출을 의미한다. 공유가치 창출은 사회문제를 해결하는 방법을 비즈니스에서 발견하는 것으로 기업의 자원과 노하우를 바탕으로 사회문제를 해결할 수 있는 제품, 서비스를 제공하거나 또는 캠페인을 진행한다.

기업PR 광고 또한 기업의 사회공헌 활동을 광고하던 방식에서 벗어나 공유가

치를 창출하기 위한 캠페인이 주목을 받고 있다. 사람들은 광고를 통해 기업의 서비스가 사회적으로 얼마나 가치 있는 것인지 깨닫게 되고 그 활동에 참여함으로써 자신의 문제를 해결한다.

3) 디지털 캠페인 Digital Campaign

디지털 광고시장의 성장과 함께 디지털 광고기술은 하루가 다르게 진화하고 있으며 디지털 광고 전문 에이전시는 급속도로 성장하고 있다. 이제 많은 광고주들은 TV광고 대신 디지털 캠페인에 집중하고 있다. 저비용으로 캠페인을 진행할 수 있어 실패에 따른 위험을 줄일 수 있을 뿐 아니라 참여와 공유를 통해 투자

❚ 캐논 파워샷 디지털 캠페인 영상
처음부터 끝까지 긴장감과 재미를 주는 바이럴 영상

대비 큰 효과를 얻기도 한다.

성공적인 디지털 캠페인 전략을 수립하기 위해서는 디지털 매체의 특성을 먼저 이해해야 하며 그 특성을 잘 활용하는 것이 중요하다.

(1) 광고분량에 제한이 거의 없지만 무조건 광고는 실패의 지름길이다

TV광고는 일반적으로 15초, 20초, 30초로 구성된다. 45초, 1분, 2분 광고가 활용되기도 하지만 많은 광고비를 지불해야만 가능하다. 따라서 TV광고는 15초라는 짧은 시간동안 핵심적인 이미지와 메시지 전달에 집중한다.

▌ **이마트 세계맥주**
핵심타겟인 젊은부부의 공감을 불러일으키는 스토리와 후반부 반전의 재미

열심히 살다 보면 저절로 이뤄지는 줄 알았다

하나씩 사라며^^

하지만 디지털 광고는 광고분량에 제한이 거의 없다. TV광고에서 전달하기 어려운 스토리, 실험, 뮤직비디오 등 다양한 형식이 디지털 영상광고(바이럴 영상)에서는 가능하다. 여기서 중요한 점은 영상이 길어질수록 지속적인 호기심과 재미를 주는 것이 중요하며 지나치게 긴 광고영상은 지양해야 한다. 광고를 보던 중 조금이라도 지루하면 타겟들은 바로 이탈하기 때문이다.

(2) 참여와 공유가 가능하지만 새로운 경험이 있어야만 가능하다.

디지털 매체의 가장 큰 장점은 쌍방향 커뮤니케이션이 가능하다는 점이다.

▌**갤럭시 S8 큐브무비**
캠페인 사이트에서 내 전화번호 뒷자리 4자리를 입력하면 나만의 무비를 볼 수 있음

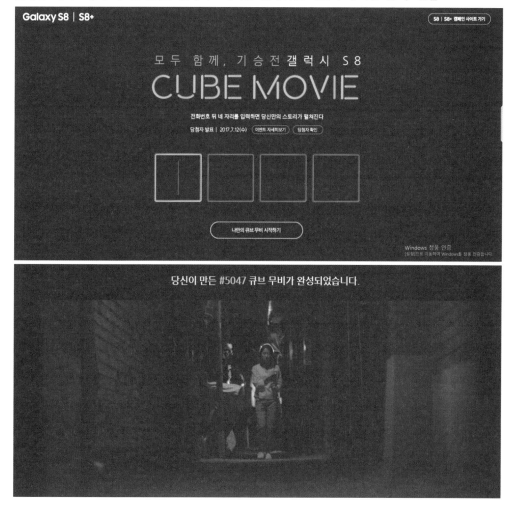

전통적인 광고매체가 일방적인 메시지 전달에 그친다면 디지털 캠페인은 광고의 수용자가 자유롭게 자신의 의견과 감정을 표현할 수 있다.

디지털 캠페인을 기획할 때 중요한 요소가 바로 타겟의 참여를 어떻게 유도할 것인가에 대한 고민이다. 이벤트 참여 시 경품을 주는 디지털 캠페인은 더 이상 매력적이지 않고, 선물을 받기 위한 체리피커Cherry Picker가 넘쳐난다. 타겟 참여를 위해서는 그동안 경험하지 못한 새로운 경험을 제공해야 한다.

예를 들어 삼성전자 갤럭시 S8 '큐브무비 캠페인'은 자신의 전화번호 뒷자리 4개의 숫자를 입력하면 숫자에 따라 다른 영상을 보여준다. 이를 위해 총 40개의 영상이 제작되었고, 40개의 영상 중 뒷 번호에 따른 4개의 영상이 조합되어 1만개의 경우의 수를 만들어 낸다. 전화번호 뒷자리마다 영상이 달라져 나만의 영상을 확인할 수 있다. 이 캠페인은 나만의 경험에 높은 가치를 두는 밀레니얼 세대[8]를 고려하여 참여하고 함께 할 수 있도록 기획되었다.

(3) 다양한 디지털 매체 통합적으로 활용, 프로모션과 연계한다.

디지털 매체에는 배너광고, 검색광고, 영상광고 등 다양한 형태가 있으며 표현방법에 있어서도 인플루언서 활용, 스토리 활용 등 다양한 방법이 가능하다.

▌ 서프라이즈 카니발 바이럴 영상
대한민국 아빠들의 몰래카메라를 통해 아이와 함께 보내는 시간의 중요성 전달. 영상 마지막 부분에서 오프라인 프로모션 카니발 아카데미 신청 고지

---

8 1980년대 초부터 2000년대 초까지 출생한 세대로 SNS 등 디지털 매체를 능숙하게 사용하며 자기 표현의 욕구가 강하고 공유를 즐긴다.

▌ 카니발 아카데미
아빠와 아이가 함께 캠핑, 즐거운 경험을 하는 카니발 아카데미 진행 및 현장 스토리를 담은 바이럴 영상 제작

　　　디지털 캠페인 전략 수립 시 하나의 제작물, 하나의 매체에만 집중하는 것은 바람직하지 않다. 광고타겟과 목표를 설정했다면 그에 맞는 다양한 디지털 매체를 활용하는 것이 광고 효과를 높인다. 또한, 프로모션과 연계하는 것도 좋은 전략이 될 수 있다. 한마디로 디지털 캠페인 전략 수립시에는 ICMC^{Integrated} Contents Marketing Communication 가 필요하다.

02.
설득력 강화를 위한
설득이론과 법칙

1) 프레이밍 효과 Framing effect

프레이밍 효과Framing effect란 동일한 대상, 정보라 할지라도 어떠한 프레임을 씌우느냐에 따라 다르게 지각하여 대안의 평가가 달라지는 현상으로 '틀짜기 효과'라고도 한다. 예를 들어 물이 50% 채워진 물병을 보며 '물이 반 밖에 남지

▌ **보건복지부 금연 캠페인**
흡연에 질병이라는 프레임을 씌워 치료해야 할 대상으로 규정

않았다'라고 말하는 사람과 '물이 반이나 남았다'고 말하는 사람은 인식의 프레임이
다르기 때문이다.

▌ SK매직 직수 정수기
직수 정수기의 선택 프레임을 스테인리스 직수관으로 만드는 전략

광고는 소비자들이 자사 브랜드를 구매하도록 만들기 위해 유리한 '인식의 틀' 즉, 프레임을 찾아내고 인식시킨다. 동일한 제품군의 브랜드들이 차별화된 메시지를 전달하는 이유는 바로 소비자에게 설득하고 싶은 프레임이 다르기 때문이다.

소비자들은 자신이 가진 정보로 세상을 판단하고 행동한다. 그 행동의 기준이 되는 프레임은 제품 전체를 의미하지 않는다. 광고기획자는 내가 보여주고 싶은 부분을 소비자들이 보게 만들어야 하는 것이다.

2) 손실혐오 이론

손실혐오 이론은 동일한 크기의 이익과 손실을 제시할 경우 사람들은 손실에 2~3배 더 강력하게 반응하므로 '사람은 이익이 아닌 손실에 의해 행동하는 경향이 강하다'는 것이다. 손실혐오 이론은 프레이밍 효과 중 부정의 프레임을 활용하여 설득을 강화하는 전략이다.

예를 들어 스카프를 판매한다고 가정해보자. 스카프의 가격은 현금 구매 시 1만원, 카드 구매 시 1만 1천원이다. 현금 구매를 유도하고 싶을 때 어떻게 알리는 것이 효과적일까?

- A : 현금으로 사면 1000원 할인해 드릴게요.
- B : 신용카드로 결제하면 1000원을 더 내야해요.

사람들은 A보다는 B에 더 강력하게 반응한다. 1000원 할인의 혜택보다

▌ 부동산 앱 다방
부동산을 고를 때 보기만 하다 다방 사용자에게 뺏길 수 있다는 손실을 강조

신용카드 결제 시 1000원의 손실이 심리적으로 더 크게 작용하기 때문이다.

광고에서 손실혐오 이론을 활용하면 설득을 강화할 수 있다. 제품이나 서비스가 제공하는 혜택도 중요하지만 광고하고자 하는 제품, 서비스를 사용하지 않을 경우 잃게 되는 점들을 강조함으로써 소비자를 설득하는 방법이다.

3) 사회적 증거의 법칙 다수의 법칙 9

사회적 증거의 법칙은 사람들이 의사결정을 할 때 많은 사람들이 선택한 것을 선택할 가능성이 높다는 이론이다. 광고에서 많은 사람들이 해당 대안을 선택했다는 상황을 보여 주고 당신도 이들처럼 행동하면 후회하지 않을 것이라는 메시지를 전달하며 설득한다

사회적 증거의 법칙을 이해하기 위해서는 귀인 이론Attribution Theory 과 밴드왜건 효과Bandwagon Effect 를 이해하는 것이 필요하다.

귀인 이론에서 귀인歸因 이란 자신이나 타인이 특정 행위나 말을 하게 된 이유에 대한 추론을 의미한다. 사람들은 자신과 타인의 행동이나 발화의 진정한 원인을 찾는 경향이 있는데, 이러한 귀인의 과정을 통해 해당 행위에 대한 태도나 반응이 달라진다. 다시 말하면 많은 사람들이 좋아하는 제품은 그 제품의 품질이 좋기 때문에 인기가 많다고 생각하는 반면, 특정 소수가 좋아하는 제품은 그 사람의 취향이 독특하기 때문이라고 생각하는 것이다. 이 개념을 다수의 법칙에 적용한다면, 사람들은 다수가 선택하는 행동은 상황에 따른 타당한 이유(예: 맛, 가격 등)에 근거한다고 귀인해 이를 따르려는 경향을 보이는 것으로 설명할 수 있다.

귀인 이론이 다수의 법칙을 사람들의 이성적인 판단의 결과로 설명하는 것에 비해 밴드왜건 효과Bandwagon Effect 는 특정 집단과 동질되기를 원하는 사람들의 감성적 성향으로 다수의 법칙을 설명한다. 밴드왜건 효과는 다수가 지지하는 방향을 따라 자신의 의견을 결정하는 경향을 의미하는데, 주로 많이 팔리고 유행하는 상품을 자신도 덩달아 구매하는 현상으로 나타난다. 자신의 기호보다 또래 친구들이 구매하는 것을 따라서 구매하거나, 새로운 스타일이나 패션을 따라가기 위해 구매하는 소비 행위가 밴드왜건 효과를 보여 주는 사례다. 이는 유행에

---

9 소현진, 이은선. 2016. 『행동설득전략』. 커뮤니케이션북스. 변형·인용

■ **동화약품 잇치 (치약형 잇몸약)**
잇치를 사용한 사람들의 이야기와 판매수량 등 사회적 증거 제시

동조함으로써 타인들과의 관계에서 소외되지 않으려는 심리에서 비롯된다. 밴드왜
건 효과를 적용한다면 다수의 법칙은 다수에서 벗어나 소수가 되고 싶어 하지
않는 사람들의 성향에서 발현된 것으로 분석할 수 있다.

4) 넛지 Nudge 전략

넛지 Nudge 는 원래 '(특히 팔꿈치로)슬쩍 찌르다' '주의를 환기시키다'라는 뜻의
영단어로 미국 시카고대의 행동경제학자 리처드 세일러 Richard H. Thaler 와 법률가
캐스 선스타인 Cass R. Sunstein 이 공저한 『넛지 Nudge 』란 책을 통해 널리 알려졌다.
세일러와 선스타인은 책에서 '타인의 선택을 유도하는 부드러운 개입'이란
의미로 이 단어를 사용했다. 금지와 명령이 아닌 팔꿈치로 옆구리를 툭 치는
듯한 부드러운 권유로 타인의 바른 선택을 돕는 것이 넛지인 것이다. 넛지는
더 나은 선택을 하도록 유도하지만 유연하고 비강제적으로 접근하여 선택의 자유를
침해하지 않는다는 '자유주의적 개입주의'에 바탕하고 있다. 어떤 선택을 금지하거
나 경제적 인센티브를 크게 변화시키지 않고 예상 가능한 방향으로 사람들의
행동을 변화시키는 것이다.
기업의 제품 및 서비스의 광고 캠페인은 더 이상 TV, 신문, 라디오에 국한되지
않는다. 앞서 살펴본 바와 같이 프로모션과 디지털이 결합되어 기업의 이미지를
전달하고 제품을 사용하도록 알린다. 광고기획자는 소비자의 행동 변화 유도를
위해 할 수 있는 모든 것을 '광고'로 보아야 한다. 이러한 관점에서 넛지에 대한
이해와 활용이 중요하다.

4차 산업혁명 시대의 광고기획 솔루션

▌ 남아공 비영리단체의 HOPE SOAP 캠페인 (좌)
아이들이 손을 씻도록 만들기 위해 장난감이 들어있는 비누 제공. 손을 자주 씻어 비누를 다 사용하면
장난감을 얻을 수 있는 넛지

▌ P&G SAFEGUARD SOAP의 The Germ Stamp 캠페인 (우)
아이들이 손을 씻도록 만들기 위해 손바닥에 Wash Me라고 말하고 있는 세균 도장을 찍어줌

▌ 지하철의 핑크카펫 캠페인
임산부를 위해 임산부 배려석을 마련하고 문구, 기내 방송 등을 통해 임산부를 위해 비워놓을 것을
알렸으나 큰 효과를 거두지 못 한 핑크카펫 캠페인

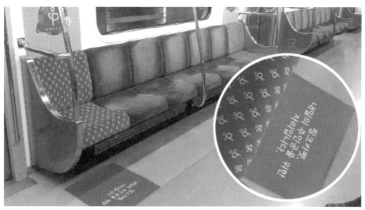

▌ '곰인형' 넛지를 활용하여 성공을 거둔 지하철 임산부 배려석 비워두기 캠페인
임산부 배려석에 놓은 작은 인형 하나로 사람들의 행동 변화 유도

6장
크리에이티브 전략

광고기획 단계가 끝나고 나면 제작팀은 광고전략을 기반으로 크리에이티브 아이디어를 도출하고 실질적 제작의 과정을 거친다. 좋은 크리에이티브에 정해진 정답이 있는 것은 아니지만 좋은 크리에이티브의 조건, 매체별 특성에 따른 크리에이티브를 이해하는 것은 중요하다. 또한 전문가들이 제시하는 아이디어 발상법은 크리에이티브 작업 시 좋은 지침이 될 것이다.

크리에이티브 전략은 광고 제작 담당자에게만 필요한 내용이 아니다. 기획자의 역할은 전략수립에서 그치는 것이 아니라 제작 담당자들과 끊임없이 소통하며 좋은 크리에이티브를 만드는 것까지 포함된다. 또한, 크리에이티브에 대한 이해가 있어야 좋은 크리에이티브를 선택할 수 있는 안목도 갖출 수 있다.

01.
크리에이티브
이해

1) 크리에이티브 전략이란

광고 크리에이티브란 광고기획 과정을 통해 나온 콘셉트를 구체화하는 작업으로, 광고에서 가장 창의적인 업무이다. 광고 크리에이티브는 TV광고, 인쇄광고, 라디오 광고, 디지털 광고 등 각 매체에 적합한 형태로 구체화한다. 또한 ICMC 차원에서 다양한 접점을 활용하거나 시나리오를 고민하기도 한다.

이러한 크리에이티브에도 전략이 필요하다. 광고는 예술이 아니라 설득을 위한 도구이다. 따라서 크리에이티브 전략 또한 광고목표와 타겟에 맞게 수립되어야 한다. 크리에이티브 전략은 기획 단계에서 정리된 광고콘셉트인 'What to say'를 기반으로, 이것을 크리에이티브로 어떻게 표현하는 것이 가장 효과적인지 'How to say'를 고민하는 전략이다. 광고목표를 달성하기 위해 어떠한 방법으로 전달하는 것이 효과적일지에 대해 아이디에이션 Ideation 한다.

2) 좋은 크리에이티브의 조건

(1) 훌륭한 약속 발견하기

모든 광고에서 첫 번째 훌륭한 덕목은 중요하고 경쟁력 있는 약속이나 편익을 전달하는 것이다. 약속은 이성적이거나 감성적인 것일 수도 있고, 아니면 둘의 조합일 수도 있다. 그리고 그것은 반드시 제품과 관련이 있어야 한다.

(2) 브랜드 개성 구축하기

모든 브랜드는 소위 '퍼스낼리티 은행 Personality Bank '이라는 것을 가지고 있는데, 이 은행에는 브랜드에 대한 느낌이나 태도인 퍼스낼리티가 저장된다.

우리가 지루하면서 저속하고 소비자를 오도할 수 있는 광고를 만드는 것은 이 은행에서 돈을 인출하는 것과 같고, 좋은 광고나 훌륭한 판촉 프로그램을 만드는 것은 이 은행에 입금을 하는 것과 같다.

(3) 구체적으로 만들기

모든 것을 명확히 정의하고 믿을만한 증거를 제시하면 소비자들은 광고에 대해 반응을 보이고 그것을 믿게 된다. 구체적인 사실을 찾아내는 데 모든 노력을 기울여야 한다. 그리고 그것을 신선하고 간결한 방법으로 제시한다. 광고에서 말하는 약속에 대한 구체적 근거를 제시하고 그것을 판매에 접합시켜야 한다.

(4) 단순하게 만들기

훌륭한 아트디렉터나 카피라이터는 모두 '생략의 명수'다. 소비자는 단지 '이 광고에 나를 위한 무엇이 들어있나?'에만 관심이 있다. 간결하게 생략하면서 그들에게 말하라. 그것이 좋은 광고를 만드는 비결이다.

(5) 금방 알아보게 만들기

광고를 불분명하거나 지나치게 어렵게 만드는 일은 자살행위다. 평균적으로 소비자들은 잡지의 페이지를 넘기거나 TV광고를 보는 순간 약 1.5초 동안 그 광고에 눈길을 준다. 하지만 그들은 카피를 읽지 않는다. 그들은 보거나 들은 것을 1~2분이 지나면 기억하지 못한다. 그래서 광고는 한눈에 무엇을 말하려는지 쉽게 드러나야 한다.

(6) 개인적으로 말하기

당신의 고객에 대해 알아라. 그런 다음에 소비자들이 볼 때 광고가 자신들의 언어로 만들어져 있고, 자기들을 있는 그대로 잘 묘사했다고 느끼도록 해야 한다. 그래야 그 제품이 정말 자신을 위한 것이라고 생각하게 된다.

(7) 의외의 것을 제시

좋은 광고라면 위의 여섯 가지 장점을 모두 가지고 있으면서도 나머지 하나 놀랄만한 일곱 번째 장점을 겸비해야 한다. 색다른 것, 평범하지 않은 것, 예기치 않은 것을 보여줘라. 그렇지 않다면 시청자나 독자는 당신의 광고를 받아들이지 않을 것이다. 단지 모든 사람이 그렇게 한다고 해서 진부하고 상투적인 광고를 만들지 않도록 한다. 패러다임을 깨는 것만이 광고를 살릴 수 있는 유일한 길이다.

광고가 성공하려면 소비자들이 쉽게 기억할 수 있는 하나의 임팩트 있는 콘셉트가 있어야 한다. 그리고 그 광고의 카피나 비주얼이 모두 광고목표에 부합되고, 콘셉트를 효과적으로 전달하는데 기여하는 것이어야 한다. 하지만 콘셉트와는 관계없는 비주얼이나 카피만 기억나고 실제 세일즈 메시지, 심지어는 브랜드명조차 기억나지 않는 경우가 종종 있다. 광고가 주목을 끌고 유행어도 낳았지만 그 광고를 통해 제품에 대한 선호도나 이익을 전달하기는커녕 어떤 브랜드였는지조차 기억하지 못하게 만든다면 좋은 광고라 할 수 없다.

02.
매체별
크리에이티브

1) TV광고

(1) TV광고 제작절차

TV-CF 광고를 제작하기 위해 광고주의 마케팅팀이나 광고부서는 광고회사 광고기획팀 AE 에게 TV-CF 제작에 대한 요구사항 등 오리엔테이션을 한다. AE는 회사에 들어와 오리엔테이션 내용을 근거로 크리에이티브 브리프 Creative Brief 를 작성하여 사내 제작회의를 위해 팀을 소집하고 오리엔테이션 및 제작회의를 진행한다.

수차례에 걸친 제작회의(아이디에이션 ideation 또는 브레인스토밍 brain storming 이라고 함)를 통해 정리된 여러 개의 시안을 놓고 러프리뷰 Rough Review 를 한다. 러프 리뷰를 통해 또 수정을 하고 보완작업을 하여 최종 리뷰를 통해 선택된 몇 개의 시안을 스토리보드로 만들어 광고주에 제시하고 최종 콘티를 확정한다.

콘티가 결정되면 광고주가 최종적으로 당부하고 싶은 의견이나 꼭 넣어야 하는 사항 등을 오리엔테이션 한다. 최종 콘티가 결정되면 실제 촬영을 할 프로덕션을 선정하고, 제작일정표를 작성한다. 촬영에 들어가기 전 프로덕션 감독을 비롯하여 헤어, 메이크업, 조명, 소품담당, 광고회사 PD, AE, 광고주의 광고담당자 등이 모여 제작PPM Pre-Production-Meeting 회의를 하여 촬영컷과 소품, 카피 등에 대해 총 점검회의를 실시한다. 이때 수정사항이나 빠진 점을 모두 보완해야 하며 제작일정도 확정한다. PPM 회의가 끝나면 회의 내용대로 촬영, 편집, 녹음, 광고회사 사내 시사를 거쳐 광고주 시사를 진행한다.

광고주 시사를 진행하며 광고 방송 심의를 신청한다. 광고주 시사를 무사히 마치면 이미 합의됐던 매체계획대로 TV프로그램을 구매 Buying 한다. 마지막으로 구매한 프로그램 방송사에 TV-CF 소재를 전달하면 TV광고가 방영될 수 있게 된다.

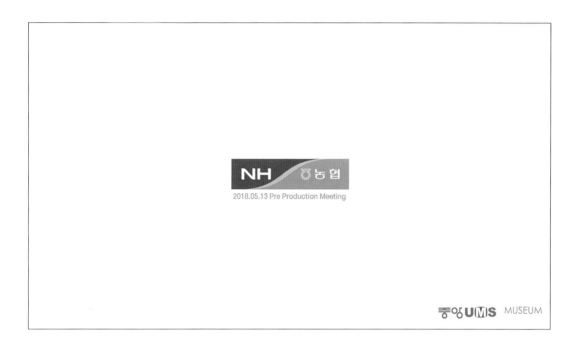

Location

경상남도 하동군 평사리

Location

경남 하동군 _ 마마스펜션

Location

경기도 남양주 구암리 봉서원

4차 산업혁명 시대의 광고기획 솔루션

Location

경기도 양평군 양수리 _ 딸기 체험 농장

Location

고양 하나로마트 삼송점

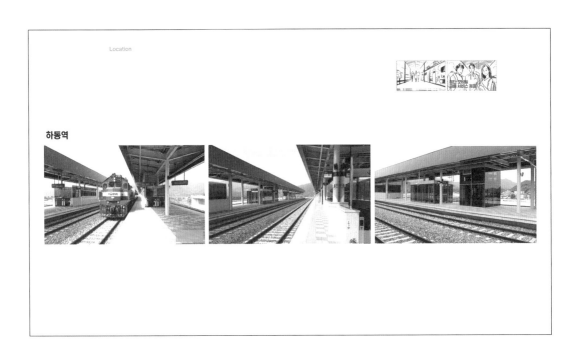

Location

하동역

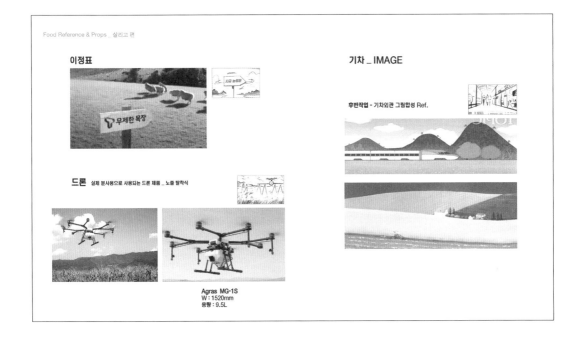

Food Reference & Props _ 실리고 편

이정표

드론 실제 분사용으로 사용되는 드론 제품 _ 노즐 탈착식

Agras MG-1S
W : 1520mm
용량 : 9.5L

기차 _ IMAGE

후반작업 - 기차외관 그림합성 Ref.

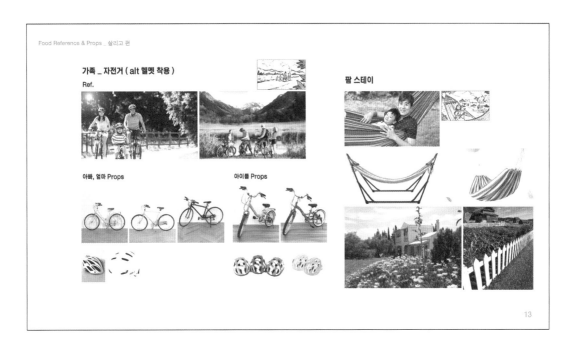

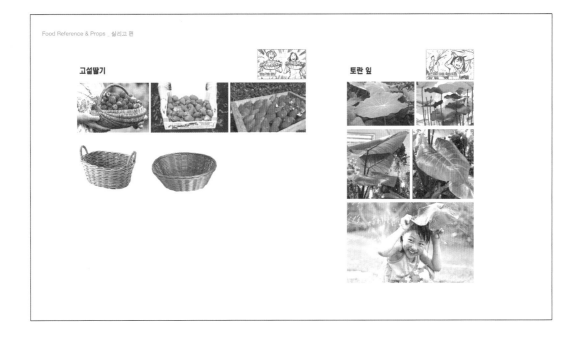

Food Reference & Props 높이고 편

테이블 세팅 Ref

우리 농산물 요리

Wardrobe 살리고 편

젊은 농부

금융서비스 _ 젊은 직장인

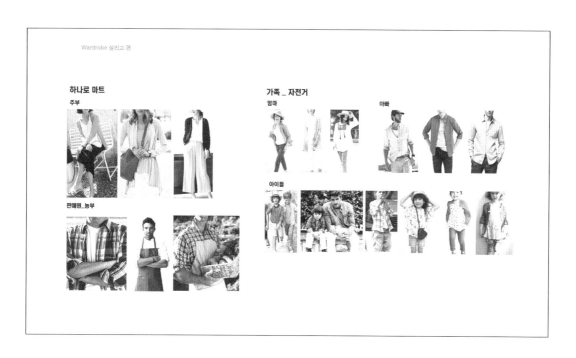

하나로 마트
주부

판매원_농부

가족 _ 자전거
엄마　　　　　　　아빠

아이들

딸기재배 농부

우수 먹거리 _ 요리
셰프

젊은 부부 2쌍

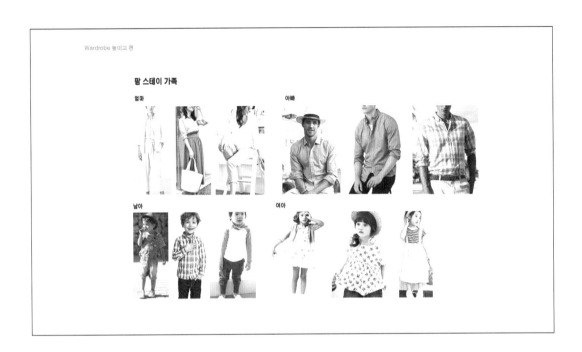

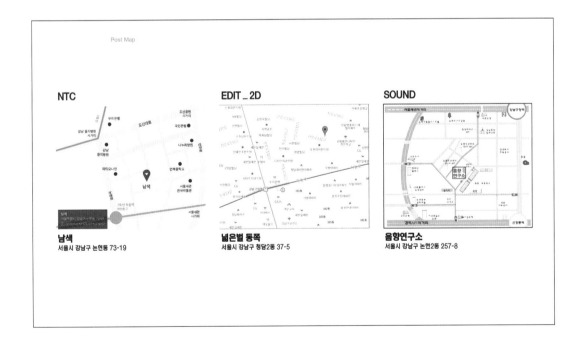

(2) TV광고 제작 시 유의사항

① 언어적(Copy) , 시각적(Visual) , 청각적(Sound) 표현을 잘 활용하고 있는가?

TV광고는 언어적, 시각적, 청각적 표현을 모두 활용하는 광고이다. 이 3가지 요소의 효과를 극대화하기 위해서는 3가지 요소가 통일성을 가지고 시너지를 낼 수 있어야 한다.

② 단 하나의 세일즈 메시지(Sales Message)에 집중되어 있는가?

TV광고가 오디오와 비디오를 동시에 사용할 수 있다는 장점 때문에 많은 광고주 혹은 크리에이터들이 하나 이상의 세일즈 메시지를 하나의 광고에 표현하고자 한다. 특히 명확한 타겟이 설정되어 있음에도 불구하고 그 시점에서 TV를 같이 보고 있는 또 다른 타겟에게 또 다른 메시지를 추가로 보내고 싶은 욕심에 사로잡히기도 한다. 모든 사람에게 보내진 TV광고는 아무에게도 전달되지 않는다. 하나 이상의 정말 훌륭한 소비자 편익이 있다면 또 다른 CF를 만들어야지, 소비자를 혼란스럽게 해서는 안 된다.

③ CF 초반부에 이목을 집중시키고 이를 지속시키는가?

CF 초반부의 몇 초는 광고의 성공을 좌우하는 중요한 시간이다. 그러나 주목을 끄는 방법은 단순히 쇼킹한 비주얼, 이상한 사운드 등에 의존해서는 안 되며 소비자로 하여금 이 CF에 소비자를 위한 어떤 이익이 있다는 것을 알리는 것에서부터 시작해야 한다. 일단 주목을 얻었다면 CF가 끝날 때까지 이를 지속시킬 수 있어야 한다.

④ CF의 내용과 브랜드가 완벽하게 밀착되어 있는가?

CF 회상률 조사를 해보면 놀랍게도 A사의 CF를 B사의 것으로 착각하는 경우가 대단히 많다. 어떤 제품 카테고리에서는 반수 이상의 CF가 서로 혼동되고 있다. 따라서 CF는 그 내용과 광고의 주체 즉, 회사나 제품명이 완벽하게 밀착되어 있어야 한다.

⑤ CF는 제품의 수준이나 성격을 잘 표현하고 있는가?

CF의 전체적인 분위기는 그 제품의 수준이나 성격을 잘 나타내는 것이어야 한다. 따라서 제품의 가격, 성분, 특성과 고객의 성향 등을 면밀히 검토하여 그

수준에 맞는 분위기로 표현하여야 한다. 즉 고가의 제품은 그만한 품격이 느껴져야 한다.

2) 라디오광고

(1) 라디오광고 제작절차

라디오 광고 제작을 위해서는 AE가 크리에이티브 브리프를 작성하여 제작팀에게 오리엔테이션을 실시한다. 오리엔테이션을 받은 제작팀의 카피라이터는 라디오 카피를 작성하고, 내부 리뷰 및 광고주 리뷰를 통해 최종 선정된 카피의 녹음을 준비한다. 녹음을 하기 위해 성우 선정, 녹음실 선정 후 실질적 녹음을 하고, BGM, 음향 효과 등을 적용하여 라디오 광고를 완성한다.

(2) 라디오 광고 제작 시 유의사항

① 광고의 시작은 주의집중(Attention)을 최우선으로 했는가?
특이한 오디오를 활용하여 광고의 첫머리에서 청취자의 관심을 집중시켜야 한다. 처음의 몇 초안에 관심을 끌지 못하면 그 이후의 메시지는 하나도 전달되지 않는다.

② 주요 메시지는 반복하여 제시되는가?
라디오는 오디오만 존재하는 단순매체이기 때문에 주요 아이디어를 반복하여 제시해야 하며 브랜드명도 가능한 빨리 제시하고 최대 사용횟수만큼 반복하여야 한다.

③ 간결하게 구성되어 있는가?
주제를 직접적이고 간결하게 표현하되 주변요소는 될 수 있는 한 배제해야 한다. 이런 방법이 이해하기 쉽게 해줄뿐만 아니라 침투력도 높여주고 회상율도 높여준다.

④ 눈으로 직접 보듯이 생생하게 묘사되어 있는가?

라디오의 큰 특징 중의 하나는 상상력을 불러일으키는데 있다. 귀로 듣는 매체라 할지라도 마치 눈으로 현장을 보듯이 생생한 느낌을 줄 수 있도록 만들어 주는 것이야말로 라디오광고 크리에이티브의 핵심이다.

⑤ 힘있는 단어를 사용했는가?

언제나 능동적이고 적극적인 표현이 수동적인 표현보다 효과가 있다. '지금', '오늘', '여기'같은 활기찬 단어는 라디오 광고를 더욱 강력하고 생생하게 만들어 준다.

⑥ 목표 타겟의 일상용어로 작성되어 있는가?

라디오 프로그램은 대개 그 청취대상이 비교적 세분화되어 있다. 라디오 카피를 작성하는 사람은 사전에 그 광고가 어느 프로그램에 방송될 것인가를 파악하여 그들 세계에서 통용되는 일상용어를 최대한 활용해야 한다.

⑦ 독특한 사운드(Sound)가 살아있는가?

청취자가 기억해 주기 바란다면 독특한 사운드가 살아있어야 한다. 뿐만 아니라 이 사운드는 반드시 브랜드와 연결되어 하나의 세트로 활용되어야 한다.

⑧ 인쇄광고의 여백과 같은 빈 공간이 있는가?

카피 분량이 너무 많아 숨가쁘게 읽을 정도라면 그 광고가 라디오를 통해 실제로 청취자에게 전해졌을 때 그들도 똑같이 피곤해지기 마련이다. 인쇄광고에서 여백이 주목률을 높여주듯이 1~2초간의 공백은 관심을 집중시켜 준다.

3) 인쇄광고

(1) 인쇄광고 제작절차

인쇄광고 즉 신문광고나 잡지광고를 제작하려 하면 광고주의 광고부서는 광고기획팀 ^{AE} 에게 오리엔테이션을 한다. AE는 오리엔테이션 내용을 근간으로 하여 브리프를 작성하고 크리에이티브 팀의 아트디렉터 ^{AD} 와 카피라이터 ^{CW} 에게 오리엔테이션을 한다. 수 차례 제작회의를 거쳐 러프 리뷰를 정리하고 최종시안을 2~3개 안으로 정리한다. AE는 광고주에게 광고 시안을 제시한다.

시안이 확정되면 아트디렉터를 중심으로 원고작업을 실시한다. 원고작업은 시안으로 제시된 광고가 실제 집행될 수 있도록 비주얼의 퀄리티를 높이는 작업이다. 모델, 제품 등 촬영이 필요한 경우 전문 포토그래퍼를 통해 사진 촬영을 하기도 한다.

광고가 완성되면 컬러를 확인할 수 있도록 교정지를 뽑는다. AE는 인쇄광고 교정지를 광고주에게 제시, 최종원고에 대한 확인을 받고, 이미 결정됐던 신문이나 잡지매체를 부킹하여 광고를 집행한다.

(2) 인쇄광고 제작 시 유의사항

① 간결한 레이아웃을 지니는가?

인쇄광고는 헤드라인에서부터 비주얼, 바디카피, 브랜드명, 가격, 광고주명에 이르기까지 순차적으로 일목요연하게 볼 수 있도록 간결한 레이아웃을 지녀야 한다. 너무 다양한 활자체, 너무 장식적인 보드board 등은 광고의 주목율을 오히려 떨어뜨린다는 조사결과를 명심하라.

② 광고에 주된 요소가 존재하는가?

인쇄광고는 반드시 전체를 주도하는 주된 요소가 존재해야 하며 이런 요소가 광고의 주목율과 가독성을 높여준다. 비중이 비슷한 여러 요소로 구성된 광고보다 주제와 부제가 정확하게 구분되는 광고가 훨씬 많이 읽혀진다.

③ 소비자 편익(Benefit)이 헤드라인에 명시되어 있는가?

소비자들은 광고를 볼 때 제일 먼저 "이 광고에 나를 위한 무엇이 들어있지?"라는 의문을 갖게 된다. 그 대답을 숨겨서는 안 된다. 가장 중요한 소비자 편익을 찾아 가능하면 헤드라인에 그것을 나타내라.

④ 여백을 잘 활용하고 있는가?

광고가 복잡해지는 것은 절대 피해야 한다. 여백도 신문광고 레이아웃의 중요한 요소 중 하나이다. 여백이 많아야 헤드라인과 비주얼이 더 눈에 잘 띄기 때문이다. 많은 요소가 꼭 필요할 때는 이를 몇 개의 그룹으로 분류하여 쉽게 읽어 볼 수 있도록 해야 한다. 숲 속의 나무보다 사막의 오아시스가 훨씬 눈에 잘 띈다는 점을 명심하라.

⑤ 카피는 흥미롭고 읽혀질 만 한가?

카피는 열정적이고 진지하게 써져야 하지만 결코 과장되어서는 안 된다. 카피를 블록으로 구분하여 쓰는 것이 길고 지루한 문단으로 작성하는 것보다 훨씬 잘 읽힌다. 작은 비주얼을 카피의 보조 요소로 사용하면 가독성을 높일 수 있다

⑥ 소비자의 욕구에 부합되는 점을 빨리 알려주는가?

우선 소비자가 이 제품에 대해 알고 싶어 하는 사실들을 나열해보고 그 가운데 가장 많은 소비자가 가장 관심을 갖는 주요 아이디어를 선별해 낸다. 이것이 경쟁사의 아이디어보다 우수한 것이라면 곧 제품의 가치를 높여주어 구매를 유도하는 역할을 하게 된다.

⑦ 무슨 광고이며 무엇을 말하고 있는지 한눈에 알아볼 수 있는가?

신문광고의 거의 모든 독자들은 광고를 그저 훑어 볼 뿐이므로 한눈에 무슨 이야기를 통해 어떤 제품을 광고하고 있는지 알아볼 수 있도록 제작되어야 한다.

⑧ 카피의 첫줄이 헤드라인이나 비주얼을 보조해주고 있는가?

헤드라인이나 비주얼을 보고 관심을 갖게 된 독자라 할지라도 그들의 관심을 지속적으로 묶어 둘 수 있는 시간은 겨우 수초에 불과하다. 그 짧은 시간 안에 우리가 이야기 하고자 하는 내용을 읽어보고 싶도록 욕구를 불러일으키려면 카피의 첫머리에서 무언가 강력한 인상과 함께 바다카피를 다 읽어야 할 필요성이 제시되어 야만 한다.

⑨ 현재의 광고물에서 삭제시키더라도 큰 변화가 없는 부분은 없는가?

소비자들은 모두 바쁜 사람들이다. 그들은 자신의 문제와 관련 없는 정보, 단어, 그림 등을 다 보아줄 만큼 친절하지 못하다. 자기와 상관없다고 생각되는 요소가 많을 때 소비자는 곧바로 그 광고를 덮어버리게 되므로 카피는 들어가야 할 이유가 있는 것만을 추려서 뺄 것은 빼고 엑기스만 취해 간결하면서도 완전하게 작성되어야 한다.

4) OOH광고 Out Of Home

(1) OOH광고의 특징

OOH^{Out Of Home}광고는 집 밖에서 볼 수 있는 옥외광고를 말한다. 소비자들은 집 밖으로 나옴과 동시에 버스, 지하철, 빌보드, 전광판 등 다양한 옥외광고에 노출된다. 최근에는 디지털기술이 결합된 디지털 사이니지 광고가 다양하게 활용되고 있다.

옥외광고의 특징은 다음과 같다.

- 기업 및 브랜드명을 지속적으로 기억시킨다.
- 특정 지역 마케팅에 효과적이다.
- 구매 접점에서 광고는 브랜드 연상효과와 함께 구매로 이어질 확률이 높다.
- 다양한 옥외매체의 특성을 활용하여 다양한 표현이 가능하다.

(2) OOH광고 제작 시 유의사항

① 간결하고 주목도가 높은가?

대부분의 옥외광고는 이동시 접촉하게 되는 경우가 많다. 따라서 짧은 시간에도 광고를 이해하고 기억할 수 있도록 주목도가 높아야 한다.

② 전달하고자 하는 메시지를 한눈에 알아볼 수 있는가?

옥외광고는 잠시 지나치는 동안에도 광고의 내용을 알 수 있도록 한눈에 무슨 이야기를 통해 어떤 제품을 광고하고 있는지 알아볼 수 있도록 제작되어야 한다.

③ 카피와 비주얼을 적절히 활용하고 있는가?

옥외광고는 언어적 요소와 시각적 요소를 활용하여 사람들의 시선을 사로잡아야 하므로 카피와 비주얼의 시너지를 잘 활용해야 한다.

④ 너무 많은 내용을 담고 있지는 않은가?

옥외광고는 인쇄매체 광고와 달리 브랜드를 기억하게 하는 역할을 한다.

옥외광고에서 구체적인 정보를 전달하려고 한다면 너무 큰 욕심이다.

⑤ 매체의 특장점을 잘 활용하고 있는가?

빌보드, 버스, 지하철, 구매접점 등 옥외광고가 설치되어 있는 장소, 상황 등을 고려해 보자. 그렇다면 더 좋은 크리에이티브를 만들어 낼 수 있다.

⑥ 디지털 기술의 접목이 가능한가?

최근 옥외광고는 디지털 기술을 활용하여 새로운 표현이 가능한 경우가 있다. 또한 매체에 새로운 기술이 포함되어 있지 않더라도 QR코드 등을 활용하여 디지털 디바이스로 연결할 수 있다. 단순히 옥외매체에 그치는 것이 아니라 타 매체와 어떻게 연결하고 시너지를 강화할 수 있는지 찾아보아야 한다.

5) 디지털광고

(1) 디지털광고의 특징

디지털광고란, 온라인 포털 사이트·유튜브·SNS 등 온라인 채널을 활용하여 이미지, 동영상, 검색 등의 광고를 집행하거나 기존의 매체에 디지털 기술을 접목한 광고를 의미한다.

디지털 광고의 특징은 다음과 같다.

- 정교화된 타겟팅이 가능하다.
- 광고효과측정이 용이하다.
- 많은 양의 정보를 전달할 수 있다.
- 즉각적 행동유발로 구매로 이어질 확률이 높다.
- 다양한 장치를 활용하여 재미를 극대화 할 수 있다.

(2) 디지털 광고 제작 시 유의사항

① 매체의 특성을 제대로 활용하고 있는가?

디지털 매체는 매우 다양하다. 각 매체의 특성에 맞는 광고를 제작해서 효과를 높여야 한다.

② 행동을 유발할 수 있는 강력한 문구가 있는가?

디지털 광고는 홈페이지 방문, 구매 등 즉각적인 행동 유발이 가능하다. 이러한 행동을 유발시키기 위해서는 강력한 카피가 필요하다.

③ 내용을 너무 길게 만들지 않았는가?

디지털 광고, 특히 디지털 동영상 광고는 길이의 제한이 없는 경우가 많다. 그러나 너무 긴 영상은 지루함을 유발시켜 이탈을 발생시킬 수 있다.

④ 타겟의 흥미를 불러일으키고 공유하고 싶은 요소가 있는가?

디지털 매체의 특장점은 공유와 확산에 있지만 모든 콘텐츠가 공유되고 확산되지는 않는다. 재미있거나 감동적이거나 쓸모 있는 등 타겟의 흥미를 불러일으키고 공유하고 싶은 콘텐츠를 만드는 것이 중요하다.

⑤ 전달하고자 하는 메시지를 정확하게 전달하고 있는가?

재미에 치우친 나머지 전달하고자 하는 메시지가 불분명해지는 경우가 있다. 핵심 콘셉트와 메시지를 놓쳐서는 안 된다.

03.
크리에이티브
아이디어 발상법

1) 크리에이티브 아이디어에 대한 이해

오길비는 그의 저서 『어느 광고인의 고백』에서 "나는 크리에이티브에 대해 별도로 생각해본 적이 없다. 다만, 좀더 잘 팔려고 애썼을 뿐이다"라고 말했다. 어느 미국의 광고회사 벤슨 앤 보울의 '팔지 못하는 것은 크리에이티브가 아니다(It's not creative unless it sales).'라는 말에서도 볼 수 있듯이 광고의 궁극적인 목표는 제품을 파는 데 있다는 것이다. 그러나 불행하게도 많은 광고인들이 제품에서 멀어질수록 훨씬 재미있고 임팩트 있는 광고를 만들 수 있다고 믿고 있다. 하지만 광고의 본질은 그런 것이 아니다. 물건을 팔지 못하는 광고는 광고라 할 수 없다.

등소평은 "검은 고양이든 흰 고양이든 쥐만 잘 잡으면 그만이다"라고 말했다. '꿩 잡는 것이 매'라고 물건 잘 파는 광고가 최고다. 광고를 자기 취향대로 그림을 그릴 수 있는 캔버스로 생각하지 말아야 한다. 광고의 디자인은 마치 항공기의 디자인과 같아서 아무리 외관이 아름답고 차별화 되더라도 기체 공학적으로 그것이 하늘을 날 수 없다면 그 항공기의 디자인은 무용지물이 되고 만다. 그림이 안 된다는 말은 이제 더 이상 하지말자. 그럴듯한 그림만을 위해 광고를 만든다면 그 아트디렉터는 화가가 되어야 하고, 말맛만을 따진다면 그 카피라이터는 소설가나 시인이 되어야 한다. 그러나 무작정 팔기만 해서도 안 된다. 잘 팔기 위해서는 광고에는 판매 이상의 그 무엇이 담겨있어야 한다. 우리는 이를 흔히 크리에이티브라 부른다. 그러니 광고의 헤드라인이나 비주얼 모두가 더 잘 파는 데 어떻게 기여할 수 있는지가 무엇보다도 중요하다 하겠다. 헤드라인이나 비주얼은 광고를 만들기 위한 수단일 뿐이지 결코 목적이 될 수는 없는 것이다.

광고주로부터 상품에 대한 오리엔테이션을 받았다고 해서 바로 아이디어 발굴에 들어갈 수 있는 것은 아니다. 아이디어란 어떻게 말하느냐를 결정하는 'How to say'의 단계다. 그 전에 먼저 '광고콘셉트'라고 일컫는, 무엇을 말할 것인가의 'What to say'가 결정되어야 한다. 즉, 광고전략 단계에서 광고를 둘러싼 여러 상황을 분석하여 설정했던 다음의 6단계를 먼저 끝내 놓고 그것을 기초로 아이디어를 찾아야 하는 것이다.

2) 아이디어 도출 시 고려사항

(1) 누구에게 광고할 것인가? Target

광고를 통해 설득해야 할 실제 소비자 한 명을 상상하여 생생한 이미지를
불어넣는다.

(2) 그 상품의 무엇을 알려 줄 것인가? Sales Point

세일즈 메시지를 더욱 명확히 전달하고, 목표 고객에게 확신을 주기 위해
그 상품의 어떤 점을 이야기할 것인가를 결정한다.

(3) 그 상품이 가지고 있는 어떤 이점을 확인시킬 것인가? Copy Point

광고에 넣을 구체적인 내용 또는 표현방법을 결정하는 단계로써, 사용매체의
특성(디지털, 인쇄, 전파, 크기, 길이 등)이나 캠페인의 시간적 전개(런칭, 시장성숙기)에
따라 달라진다.

(4) 광고에서 무슨 말을 남길 것인가? Concept word, Key word, Catch- phrase

상품과 소비자 사이에 새로운 관계를 발견해 언어로 정리하는 단계로, 콘셉트
워드는 일반적으로 오리엔테이션 단계에서 전체 스태프가 참여하여 발굴하고,
AE나 카피라이터가 간결하고 인상 깊은 것으로 정리한다.

(5) 어떤 태도로 호소할 것인가? Tone & Manner

목표 타겟이 공감할 수 있는 분위기로 만들어 가는 단계로, 남성적이냐
여성적이냐, 실질적이냐 환상적이냐, 부드러우냐 딱딱하냐, 재미있냐 근엄하냐
등 접근 방법을 정한다.

(6) 표현에 관한 규제와 주의사항은 무엇인가? Guide Line

제작하기 전에 광고주의 특별한 요구사항이나 심의 관련 규정에 대해 알아본다.

3) 크리에이티브 법칙

그렇다면 크리에이티브에는 과연 법칙이 있을까 없을까? 크리에이터들은 법칙과 같은 것으로 크리에이티브를 제한하지 말라고 주장하고, AE들은 그래도 기본적인 법칙은 지켜야 하지 않느냐고 반문한다. 이 문제에 대해 서로 상반된 견해를 가지고 있던 광고계의 두 거장, 오길비와 번백 David Ogilvy(Ogilvy & Mather) vs. William Bernbach 의 이야기를 들어보자.

데이비드 오길비 David Ogilvy 는 좋은 크리에이티브를 만들 수 있는 공통의 법칙을 발견해 내려고 부단히 애를 썼던 크리에이터다. 갤럽 출신답게 오길비는 조사를 매우 중요시 했다. 그는 크리에이티브 표현 방법이 실제 광고에 어떤 영향을 미치는지에 대해 이런 법칙들을 만들었다.

- 헤드라인에 인용부호를 붙이면 상기율이 8%나 높아진다.
- 뉴스성을 가진 헤드라인은 22%나 더 많은 사람들에게 읽힌다.
- 헤드라인은 83%가 읽는다. 그러나 바디카피는 83%가 읽지 않는다.
- 그래서 헤드라인에 반드시 브랜드를 넣어야 한다.

그 광고에서 무엇을 말할 것인가 즉, 'What to say'가 광고의 요체라고 말한다. 그리고 소비자에 대한 약속은 제품이 아닌 소비자의 마음속에서도 나올 수 있다는 생각으로 브랜드 이미지 전략을 만들었다. 『어느 광고인의 고백』에서 그는 이렇게 말한다.

"나는 무지에 의한 혼란보다 지식의 규칙화 방법을 선택합니다. 셰익스피어나 모차르트처럼 광고에서도 규칙은 중요합니다. 그리고 저는 예술에서 계율의 중요성을 강조합니다. 셰익스피어는 소네트를 엄격한 규칙에 따라 썼습니다. 강약의 오음보격으로 운을 맞추는 14행의 시, 그리고 3개의 4행시는 물론 하나의 대구로 서로 운을 맞추고 있습니다. 모차르트도 소나타를 그것과 비슷한 엄격한 규칙에 따라 작곡했습니다. 주제의 제시, 전개 그리고 재현 등의 철저한 규칙에 의해 만들어진 그의 소나타가 과연 생기가 없을까요?"

　이렇게 조사결과와 크리에이티브의 법칙을 중요하게 생각한 오길비와는 대조적으로 윌리엄 번백 William Bernbach 은 조사 결과에 파묻혀 그 숫자의 노예가 되는 것은 무의미하며, 그런 조사야말로 크리에이티브의 감옥이라고 했다. 그는 조사결과를 창조적으로 읽어내지 못한다면 무의미하다고 주장하고, 원칙에 충실해야 된다는 생각, 리서치가 마치 광고의 해답인 양 생각하는 것을 경계했다. 번백에게는 광고에서 어떻게 말할 것인가 즉, 'How to say'가 광고의 요체였다. 그렇지만 그는 한 번도 제품을 떠나 생각한 적이 없었다.

　"마술 같은 놀라움은 언제나 제품 속에 있다(The magics is in products.)."

　그는 늘 제품 속에서 레오 버넷 Leo Burnett 이 이야기했던 '내재된 드라마 Inherent Drama'를 찾아내어 생생하고 잊혀지지 않는 방법으로 소비자를 즐겁게 하였다. 번백은 광고의 법칙에 대해 다음과 같이 말하였다.

　"기록이 선수에 의해 깨어지기 위해 존재하듯이 법칙은 아티스트들에 의해 깨어지기 위해 존재하는 것이다. 놀랄 만한 것이란 결코 법칙에서 탄생되지 않는다 (Rules are what the artist breaks, the memorable never emerged from a formula.)."

　"광고를 과학이라고 믿지 말아라(I want to against believing that advertising is a science.)."

　그렇다면 크리에이티브 법칙은 어떤 의미가 있을까? 광고인이라면 AE나 크리에이터를 막론하고 모두 최소한의 기본법칙들은 알고 있어야만 한다. 그 기본적인 법칙들이 크리에이티브에 도움이 될 수도 있고, 이를 통해서 나름대로의 노하우가 생길 수도 있다. 광고에는 깨질 수 없는 법칙이 있다고 주장한 오길비 조차도 이렇게 말했다.

　"먼저 법칙을 알고 다음에 그 법칙을 깨라(Know the rules first and then break the rules.)."

　크리에이티브에서 법칙을 깬다는 것과 기본법칙도 잘 모르면서 그저 다른 것, 튀는 것만 내세우는 것 사이에는 커다란 차이가 있다. 'Think Small' 광고를 만든 BBDO의 카피라이터 줄리안 쾨니크Julian Koenig나 그래픽 디자이너 헬무트 크론Helmut Krone이 만든 광고를 보면 오길비가 주장했던 것과 같은 광고의 법칙들이 하나도 지켜지지 않는 것처럼 보인다. 하지만 실제로 그들은 이미 이런 법칙들을 잘 알고 있었다. 기본적인 법칙을 알아야만 비로소 그것과 다르게 새로워질 수 있고 그 법칙을 깨는 것이 가능해진다.

4) 아이디어 발상법

제임스 웹 영James Webb Young은 다음과 같이 5단계의 아이디어 발상법을 주창했다.

첫 번째 단계인 자료 수집 단계에서는 과학적 데이터를 근거로 한 시장조사자료, 소비자·제품 관련 2차 자료나 1차 자료를 수집한다. 또한 크리에이터들의 직접적인 경험, 영화나 소설 등을 통한 간접적인 경험 등이 모두 자료에 포함된다.

두 번째 단계는 취합한 자료를 마음속에서 이리저리 돌려 소화시키며 모자이크를 해 보는 단계로 이때 소비자와의 연결고리를 찾는 것이 중요하다.

▌ **제임스 웹 영**James Webb Young**의 아이디어 발상법**

세 번째 단계는 계속적인 브레인스토밍을 통한 아이디어 회의를 통해서도 적당한 아이디어가 나오지 않아 애를 먹다가, 일시적으로 팀원들이 과제에서 무의식적인 상황으로 들어가는 행동을 통해 의도적으로 문제에서 도피하는 단계다.

네 번째 단계는 도피의 과정 속에서 아이디어가 튀어 나오는 단계이다. 자려고 누웠다가도 또는 목욕을 하다가도 불쑥 기발한 아이디어가 생각나기도 한다. 이 때 생각나는 아이디어는 잊어버리기 전에 얼른 메모장에 적어두고 개인적으로 아이디어를 발전시킨다.

다섯 번째 단계에서는 팀원들이 모두 모여 크리에이터 각자의 아이디어를 쏟아내고 최적의 아이디어를 찾아내는 단계다. 이 때 아이디어의 적합성을 공동평가하게 되는데 이 때에는 그 아이디어가 제품과의 관련성 Relevance 이 있는가를 평가하는 것이 가장 중요하다.

매번 광고 아이디어 발상을 위한 회의를 할 때마다 크리에이터들은 아이디어는 갑자기 발생되는 것이 아니라 크리에이터들의 노력으로 머릿속에 얼마만큼의 자료를 투입했는가에 따라 아이디어의 양과 질이 달라진다고 말한다. 즉, 인풋 Input 이 있어야 아웃풋 Output 도 있게 된다는 것이다.

5) 크리에이티브 평가기준

크리에이티브를 평가하는 방법은 광고의 종류에 따라 다양하지만 공통적으로 적용되는 기본 사항은 언제나 명확하고 간결하다. 즉, 모든 광고 크리에이티브는 다음의 7가지 기본적인 틀에 의해 평가되고 그 결과에 의해 보완되어야 한다.

(1) 광고는 전략과 일치하는가?

광고제작에 있어서 가장 간단하면서도 가장 어려운 문제다. 흔히 세일즈 메시지 Sales Message 가 크리에이티브로 변화되는 과정에서 전략과 최종 제작물이 서로 다른 모습을 보이는 경우가 있다. 따라서 무엇보다도 먼저 전략을 올바로 이해하고 만들었는가, 또 광고목표의 달성에 이바지하는가를 기준으로 광고물을 점검해야 한다.

(2) 광고가 정확한 타겟을 향해 이야기하고 있는가?

광고의 타겟을 누구로 할 것인가를 결정하는 데는 많은 시간이 소요된다. 이제 광고가 전략과 일치한다고 판단이 되면 다음에는 정확한 타겟을 향해 이야기하고 있는가와 그들에게 어울리는 표현방법을 사용하고 있는가를 점검해 보아야 한다. 예를 들어 성직자에게 '성의'를 판매하는 광고가 유머러스한 것이어서는 안 되며, 60세 중장년층을 대상으로 하는 광고에 힙합 음악이 효과적일 수는 없다.

(3) 광고주의 관점에서 이야기하는가? 소비자의 관점에서 이야기하는가?

광고를 소비자의 관점에서 해야 한다는 것은 매우 중요한 일이다. 이런 문제는 '이 광고가 내가 물건을 팔기 쉽도록 도와주는가 혹은 소비자가 물건을 사기 쉽도록 만들어주는가?'를 생각해보면 쉽게 답을 구할 수 있다. 즉, '우리 회사가 얼마나 훌륭하고 우리 제품이 얼마나 좋고' 하는 문제는 소비자와는 아무런 상관이 없는 것이다. 소비자는 단지 그 제품의 그런 특성이 나에게 어떤 이익을 주는가에 관심이 있을 따름이다. 다시 말해서 소비자는 드릴이 필요해서 그것을 사는 것이 아니라 그 드릴로 구멍을 뚫기 위해 구입한다는 점을 명심해야 한다.

(4) 명확하고 간결하고 완전한 광고인가?

광고에 있어 또 하나의 큰 오류는 광고인들이 소비자도 자기들만큼 제품에 대해 알고 있고, 자기들만큼 제품에 대해 호감을 갖고 있다고 생각하는 데 있다. 이런 바탕에서 만들어진 광고는 소비자는 뒷전에 남겨두고 광고주와 제작진만 저만큼 앞서가는 결과를 가져온다. 따라서 광고는 이해하기 쉽고 중요한 부분을 빠뜨리는 일이 없이 명확해야 한다.

(5) 가장 중요한 한 가지 요소에 집중되어 있는가?

광고는 단일 집약적 메시지 Single-Minded 에 집중되어야 한다. 여러 가지의 세일즈 포인트 Sales Point , 여러 가지 아이디어, 여러 가지 메시지는 오히려 아무 것도 전달하지 못하는 역효과를 가져오기 마련이다. 또한 가능하면 어디서 어떻게 구입할 수 있는가에 대한 완전한 정보를 제공해 주어야 한다.

(6) 메시지는 분명한가?

많은 광고에서 광고의 비주얼과 카피는 기억하는데 그 안에 담긴 중요한 세일즈 아이디어 Sales Idea 는 전달되지 못한 경우가 종종 있다. 예를 들어, '무역센터 빌딩 사이에 로프를 걸어놓고 그 위를 걸어가는 사람'이 등장하는 CF가 있을 때 그 장면은 기억이 생생한데 무슨 광고였는지를 잘 모른다면 그 CF가 훌륭하다고 말할 수는 없는 것이다.

(7) 어떤 행동을 하도록 요청하고 있는가?

구체적인 행동을 요청하지 않는 광고도 눈에 많이 띈다. 이것은 마치 세일즈맨이 가정을 방문하여 제품에 대해 열심히 설명을 하고 고객이 관심을 보이려는 시점에 뒤돌아서 나가버리는 것과 똑같은 잘못이다. 광고의 목표가 구체적인 행동을 변화시키는데 있는 만큼 광고에는 반드시 어떤 행동을 하도록 요청하는 부분이 포함되어 있어야 한다.

7장

광고매체전략

광고 제작이 완료된 후 광고물을 어떤 매체에 어떻게 노출시킬 것인지 고민한 후 해당 매체를 구매하여 매체를 집행한다. 이러한 과정은 광고회사의 매체 담당자(매체 플래닝, 매체 바잉)를 통해 이루어진다. 하지만, 기획자는 이 과정에서도 제작과정과 마찬가지로 지속적으로 매체 담당자와 커뮤니케이션 하여 광고주가 원하는 성과를 달성할 수 있도록 가이드라인을 제시해야 한다.

　　7장에서는 광고에 활용되는 매체의 종류와 특징을 구체적으로 제시하고 광고효과 분석에 활용되는 개념을 알아보도록 하겠다. 이러한 내용은 광고기획자의 매체에 대한 이해의 폭을 넓혀 광고목적에 따라 어떤 매체를 어떻게 활용할지 지침이 되고 실질적 업무에 있어 도움이 될 것이다.

01.
매체의
종류 이해

광고매체를 선정할 때 어떤 매체를 고려할 수 있을까? 일반 시청자들은 알 수 없지만 광고를 구매하는 광고회사 입장에서는 TV광고도 프로그램 광고와 토막광고로 분류된다. 광고매체전략은 수많은 매체 중 어떤 매체를 어떻게 활용할 것인가에 대한 대답이다. 따라서 광고매체의 종류와 특장점에 대해 이해하는 것은 매우 중요하다.

1) 전파매체

(1) TV광고의 종류

① 프로그램 광고 / 토막광고

TV에서 볼 수 있는 영상광고로, 가장 일반적인 형태의 광고로는 공중파, 종편, 케이블TV^CATV 광고가 포함된다. 이 광고는 기본 집행 단가가 비싸지만 커버리지가 넓어 1인당 도달비용은 오히려 저렴하며 커버리지가 넓은 만큼 단기간 대국민적 캠페인이 필요한 경우 활용된다. 또한 시각과 청각을 모두 활용하여

▌ 프로그램 광고와 토막광고의 차이점

프로그램 광고	토막광고
• 프로그램 스폰서로 참여하여 프로그램 전후 광고 노출 • 제공자막 : 프로그램 시작 또는 끝 부분에 광고주 명칭 노출 • 공중파 : 전후 CM (프로그램 시작 전 또는 종료 후 광고. 중 CM 광고 불가하나 프로그램을 1, 2부로 나누어 중간광고 형식의 광고판매) • CATV/종편 : 전후뿐만 아니라 프로그램 중 CM (프로그램 중간 광고) 가능 • 광고수 : 방송 프로그램 시간의 1/10 이하 　- 전/후 CM 합이 1/10, 전후 배분 원칙은 없음 　- 60분 프로그램 : 6분까지 광고 판매 가능 　　* 15초, 30초, 45초, 60초…15초 단위로 장초수 구매 가능	• 프로그램 광고 대비 저렴한 단가 • 전국권도 있으나 대부분 수도권 중심 방송 • 프로그램 광고와 함께 구매 및 집행하여 효율성 증대 • 프로그램과 프로그램 사이 방송으로 제공자막 없음 • 토막광고, SPOT, STATION BREAK(SB) 등으로 표기 　- 중간광고 불가 　- 광고 수, 위치 모두 정해져 있음 　- 15초, 20초, 30초로 한정

▌ 제공자막
라디오스타 프로그램 광고를 구매한 광고주(기업 또는 브랜드명)를 노출하는 것으로 주로
프로그램 시작 전 노출

광고 주목도가 높은 것이 특징이다.

TV·CATV의 영상광고는 대부분 프로그램 스폰서로 참여하는 프로그램 광고
로서 프로그램 전 또는 후 프로그램 소개 시 제공자막을 통해 브랜드를 고지한다.
하지만 공중파의 경우 프로그램과 프로그램 사이 토막광고SPOT 집행이 가능하다.
또한 시청률 집계가 가능하므로 매체효과 예측 및 사후 매체집행 효과측정이
가능하다는 장점이 있다.

② 시보광고

시보광고란 방송시간 고지를 활용한 광고로 시간을 알리는 화면과 함께
노출된다. 시보광고는 동일한 시간에 반복적으로 메시지를 노출할 수 있다. 시보광
고는 프로그램 광고, 토막광고와 마찬가지로 영상광고 형태로 전국의 시청자들에게
노출되는 광고이지만 길이가 10초로 제한되어 있다.

시보광고는 광고 내용뿐만 아니라 현재 정확한 시간을 제공하므로 정보로서
의 가치가 있다. 또한 시간을 활용한 크리에이티브로 주목도와 공감을 높일 수
있다. 시보광고는 다음과 같은 경우 효과를 높일 수 있다.

- 특정시간 사용빈도가 높은 제품
- 시간과 관련된 제품 또는 서비스
- 프로그램 광고 집행 시 함께 집행하여 시너지 기대

❚ 매일 바이오드링킹 요구르트
요구르트 음용 시간인 아침 시보를 활용하여 [지금은 바이오의 힘을 드링킹 할 시간] 전달

❚ 맥스
맥주를 주로 마시는 밤 시간 시보를 활용하여 [맛있는 맥주로 크림 생수염을 만들 시간] 전달

❚ 노랑풍선 여행사
'시간'이라는 요소를 활용하여 [여행 걱정하는 시간을 아껴주는 여행사] 전달

③ 자막광고

자막광고는 공중파 TV 하단에 방송되는 자막형태의 광고이다. 전체 화면의 약 1/4 크기로 10초간 노출된다. 자막광고는 커버리지가 넓은 공중파에 영상광고(프로그램 광고/토막광고/시보광고) 대비 저렴한 단가로 집행 가능하다는 장점이 있다. 또한 제작비용 및 기간 부담이 없어 예산이 적은 광고주도 집행할 수 있다. 단, 시각적 요소만 활용가능하고 크기가 작아 많은 내용을 담기는 어렵다.

▌ 곧이어 자막광고
다음 프로그램 안내 시 하단 자막 광고

▌ ID 자막광고
방송국명 노출 시 하단 자막 광고

TV 영상광고와 함께 집행하여 시너지 효과를 내거나 중소 광고주가 연간 지속적으로 브랜드 인지도 증대를 위해 활용하며 '곧이어'와 'ID' 두 종류가 있다. 곧이어 광고와 ID 광고는 형태가 동일하나 노출 위치(곧이어: 다음 프로그램 고지 시 / ID: 방송국명 고지 시)에 따라 구분된다.

자막광고는 다음과 같은 경우 효과가 높다

- 다양한 메시지 전달보다는 슬로건 및 브랜드 전달 시
- 적은 예산으로 전국권 광고 필요 시
- 지속적인 브랜드 노출이 필요한 경우

④ 방송사 공익캠페인 광고

지금까지 살펴 본 TV광고는 모두 상업광고로, 기업이 자사의 제품 및 서비스를 알리기 위해 상업적 목적으로 집행하는 광고이다. 기업들은 상업광고를 주로 집행하지만 필요에 따라 공익적인 내용을 담고 있는 공익캠페인 광고를 활용하여 기업 이미지를 제고하기도 한다.

공익캠페인 광고는 한국방송광고진흥공사KOBACO 나 미디어크리에이트가 아닌 방송사를 통해 광고 프로그램과 시간을 직접 구매하고, 심의도 방송사에서 직접 진행한다. 이 때 공익적인 내용이 아닌 경우 캠페인 진행은 불가능하며 상업적 내용은 포함될 수 없다. 예를 들면 풀무원이 '바른먹거리' 캠페인을 통해 국민 건강이라는 공익에 기여하는 것은 공익 캠페인이 가능한 내용이다. 공익캠페인을 집행할 경우 스토리보드 형태로 방송사와 협의가 가능하다.

공익캠페인 광고의 장점은 상업적 내용이 배제되므로 신뢰도가 높고, 40초로 많은 내용을 전달할 수 있으며, 광고를 판매하지 않는 KBS1 TV도 광고 집행이 가능하다는 점이다. KBS1 TV는 상업광고를 전혀 판매하지 않으므로 광고의 수가 적어 광고집행 시 주목도가 높다.

한우 자조금, 한돈 자조금, 우유 자조금, 국민연금, 금연캠페인 등 공익적 성격을 띤 광고주가 주로 방송사 공익캠페인을 활용한다.

▌ 풀무원 바른 먹거리 캠페인

40초 방송사 공익 캠페인을 활용하여 어린이의 건강한 식습관을 만들기 위해 노력하는 바른 먹거리 이미지 강화

▌ 한돈 자조금 광고

공기업 및 자조금의 경우 사업 자체가 공익적 성격을 지니고 있으므로 40초 캠페인을 통해 사업내용과 특장점 전달 가능

▌ 정관장 홍삼정 에브리타임 가상광고
드라마 태양의 후예 방송 전 가상광고를 통해 브랜드 각인

⑤ 가상광고

기존 스포츠 중계에서만 가능했던 가상광고가 2015년 9월부터 예능, 드라마, 스포츠 보도 프로그램으로 확장되면서 가상광고에 대한 관심이 높아졌다. 특히 광고주의 광고 모델이 드라마, 예능 등에 출연할 경우 해당 프로그램 가상광고 제안 시 설득력이 높아진다.

가상광고는 전체화면의 1/4 이하로 작고, 5~10초로 짧은 시간 내 시각적 효과에만 의존해야 한다는 단점이 있지만, 돌출 방식으로 주목도가 높고 프로그램 중간에 광고가 노출되어 재핑현상[10]을 최소화할 수 있다.

(2) 라디오광고

청각을 활용한 광고로 타 매체 대비 재핑현상이 낮으며 빈도를 높이는데 유효하다.

라디오광고의 종류는 프로그램광고(20초)와 토막광고가 있다. 최근 디지털 매체의 성장으로 라디오광고는 감소 추세에 있다.

---

10 방송 프로그램 시작 전후로 노출되는 광고를 피하기 위해 채널을 돌리는 행위

2) 인쇄매체

인쇄매체는 신문, 잡지 등이 대표적이며 TV광고, 라디오 광고 대비 많은 양의 정보를 전달할 수 있다. 인쇄매체는 정보전달의 도구로서 신뢰도가 높은 매체이지만 최근 정보 획득의 수단이 점차적으로 인쇄매체에서 디지털매체(온라인 뉴스 등)로 이동함에 따라 이용고객이 감소하고 광고 효과가 저하되고 있다.

(1) 신문광고

신문은 객관적 사실에 관한 정보를 전달하는 매체로, 상대적으로 신뢰도가 높다. 40대 이상 남자, 고소득층, 화이트칼라, 오피니언 리더 등의 타겟을 고려할 때 적합한 매체이며 언론 관리에 도움이 될 수 있다.

신문광고를 고려할 경우 광고의 크기, 집행 위치, 요일 등을 고려하여야 한다. 대형마트의 경우 매주 목요일에 할인·행사 등 이벤트가 새롭게 시작된다. 대형마트에 있어 목요일은 앞으로 1주일간 고객에게 제공할 특별한 정보를 전달해야 하는 중요한 의미가 있다. 따라서 대형마트의 신문광고는 목요일에 집중된다. 광고의 크기는 클수록 효과적이지만 그만큼 광고 단가가 높아진다. 따라서 예산상

▌ 제호광고사례
한국상표공제조합(좌)와 S-oil(우)

황 등을 고려하여 광고의 크기, 집행 위치 등을 결정할 필요가 있다.

신문광고 중 신문사명 옆에 위치하는 작은 박스형 광고를 제호광고라 한다. 제호광고는 크기는 작지만 위치 특성상 돌출도가 높아 효과적이다. 해당 매체는 1회성으로 판매하지 않고 6개월, 1년 단위로 판매하므로 중장기적으로 브랜드를 관리하고자 하는 광고주에게 적합하다.

(2) 잡지광고

잡지는 주부지, 여성 패션지, 리빙지, 육아지, 럭셔리지 등 타겟 및 콘텐츠에 따라 세분화되어 있는 매체로, 세부 타겟팅이 가능하다. 일반광고 외에도 기사식 광고, 잡지 속 별책 개념의 광고, 에디터와 협업 프로젝트 진행 등 다양한 형태가 가능하지만 잡지 한 권 안에 너무 많은 광고가 있어 노출도가 낮다는 단점이 있다.

잡지 매체 또한 최근 많은 어려움을 겪고 있다. 과거 잡지를 통해 얻던 정보를 이제는 인터넷만 검색하면 바로 얻을 수 있어 잡지를 구매할 필요성이 점점 낮아지고 있는 것이다. 인쇄매체 광고의 새로운 돌파구가 필요한 시점이다.

3) 디지털 매체

인쇄매체의 역할이 점점 줄어들고 있는 반면, 광고계에서 가장 큰 수익을 내며 성장하고 있는 매체는 디지털 매체이다. 전통적인 매체와는 다르게 저예산으로도 광고를 집행할 수 있고 정확한 효과측정이 가능하다는 점도 디지털 매체의 특징이다.

모바일 시장을 중심으로 성장하고 있는 디지털 매체는 하루가 다르게 변화하고 있고 광고매체로 고려할 수 있는 종류 또한 지속적으로 생겨나고 있다. 다양한 디지털 매체 가운데 어떤 매체를 선택하고 운용할지 판단하기 위해서는 디지털 매체의 종류에 대한 이해가 우선 되어야 한다.

(1) 배너광고 (PC / 모바일)

배너광고는 온라인 광고의 가장 기본적인 형태로, 사람들이 방문하는 온라인 사이트를 지면으로 활용하여 광고를 집행하는 형태이다. 특히 네이버, 다음 등

▌ 주요 포털 배너광고 (PC)
PC 화면 상단에 노출되어 크기가 크고 주목도가 높다

▌ 주요 포털 배너광고 (모바일)
스마트폰 이용 증가로 모바일 배너 접촉 인구가 많아지고 있으나 PC 대비 화면이 작아 주목도가 낮다

주요 포털 사이트는 PC를 켜면 시작화면으로 설정되어 있는 경우가 많아 효과가 매우 높다. 또한 광고물 클릭을 통해 홈페이지 방문을 유도할 수 있어 할인행사 같은 광고에서 효과가 높게 나타난다. 특히 스마트폰 이용의 증가로 인해 스마트폰 배너광고의 접촉 비율이 높아지고 있다.

판매방식은 1시간 단위 판매, 1주일 단위 판매에서부터 노출보장, 클릭보장 등 다양하다. 광고형태도 기본형에서부터 확장형, 확장 동영상형 등 다양한 형태로 광고를 선택할 수 있다. 시간 단위 판매 상품의 경우 타임세일 등 특정 시간 마케팅 활용에 자주 활용된다.

(2) 리타겟팅 Retargeting 광고

우리는 온라인에서 특정 쇼핑몰을 방문한 후 해당 쇼핑몰 광고가 지속적으로 노출되는 것을 경험하곤 한다. 이것이 바로 리타겟팅 광고로, 특정 사이트에 방문했거나 특정 키워드를 검색한 타겟을 대상으로 광고를 노출하는 방식을 사용한다.

리타겟팅 광고는 특정 브랜드, 키워드 등에 관심을 보인 사람들에게만 광고를 노출하는 방식으로, 정교한 타겟팅이 가능하다는 장점이 있다. 또한 타겟팅이 정교한만큼 구매 확률도 높아진다.

예를 들어 쇼핑몰에서 사고 싶은 의류를 검색한 후 급한 일이 생겨 구매를 하지 못한 경우, 장바구니에 담아두고 결제를 하지 못한 경우, 리타겟팅 광고를 통해 방문했던 쇼핑몰을 리마인드시켜줌으로써 구매로 연결시킬 수 있다.

(3) 유튜브 광고

▌ 2015~2017 네이버 검색어 순위

	2017		2016		2015	
	PC	모바일	PC	모바일	PC	모바일
1	유튜브	날씨	날씨	날씨	유튜브	날씨
2	다음	유튜브	유튜브	로또	다음	다음
3	구글	페이스북	다음	환율	구글	구글
4	페이스북	로또	구글	미세먼지	쿠팡	유튜브
5	농협인터넷뱅킹	구글	리그오브레전드	유튜브	페이스북	로또
6	환율	전국날씨	농협인터넷뱅킹	구글	리그오브레전드	페이스북
7	국민은행	미세먼지	국민은행	웹툰	농협	일베
8	쿠팡	다음	국세청 홈텍스	복면가왕	국민은행	미세먼지
9	롤인벤	길찾기	환율	운세	우리은행	웹툰
10	우리은행	환율	페이스북	지진	환율	쿠팡

지난해 네이버 PC·모바일에서 가장 많이 입력된 검색어 20개 가운데 PC에서 1위이고 모바일에서 2위가 바로 유튜브이다. 유튜브는 동영상 광고 플랫폼 중 대표적인 것으로 매년 급속도로 성장하여 온라인 동영상 시장의 최강자로 자리매김 하고 있다. 특히 10~20대의 유튜브 이용률은 압도적인 수준이다. 10~20대는 유년 시절부터 디지털 미디어에 노출된 Z세대 Generation Z 로, 텍스트보다는 이미지

G6의 특장점을 강력하게 어필할 수 있는 5초 유튜브 프리롤 광고

나 동영상에 반응한다. 이들은 필요한 정보를 검색하는 데 있어서도 동영상을 더 선호한다.

특히 동영상은 '하우 투^{how to}'에 대한 대답을 찾아내기에 편리하다. 사용법을 글로 읽는 것보다는 영상으로 보는 것이 더 이해하기 쉽기 때문이다. 많은 사람들이 이러한 이유로 유튜브 동영상을 이용한다. 이러한 특징을 활용하여 유튜브는 영상이 시작되기 전 노출되는 프리롤^{Pre-roll} 광고를 판매하고 있다. 프리롤 광고는 5초 동안 강제적으로 영상이 노출된다. 5초 후 사람들은 스킵^{Skip} 버튼을 클릭해 광고를 더 이상 보지 않을 수 있고, 원하는 경우 영상을 더 시청할 수도 있다.

유튜브 광고에서 가장 중요한 것은 '5초간 사람들의 마음을 어떻게 사로잡을 것인가'에 있다. 5초 동안 호기심, 재미, 강력한 임팩트를 주어 Skip 버튼을 누르지 않고 광고를 지속적으로 볼 수 있게 만들어야 한다. 최근 기업들은 이러한 매체의 특성을 고려하여 5초 광고를 만들기 시작했다. 강제적으로 노출되는 5초간 전달해야 할 메시지를 모두 전달하여 효과를 높이고 있다.

또한 유튜브는 단순 프리롤 광고뿐 아니라 유저기반의 데이터를 활용하여 데모, 지역, 관심사 타겟팅 등 다양한 타겟팅 광고를 할 수 있는 동영상 매체이다.

▌ 페이스북 광고 (이미지형)

이미지를 활용한 페이스북 광고. 카드 형태의 이미지를 여러 장 삽입하여 오른쪽으로 넘기면 다양한 제품 이미지를 볼 수 있다. 브랜드 페이지 〈좋아요/구매하기〉 기능 버튼으로 직접적 행동 유도

(4) SNS광고

SNS 광고는 페이스북, 인스타그램, 카카오톡 등 다양한 SNS 채널을 활용한 광고이다. 이중 대표적인 광고는 사용자가 가장 많은 페이스북 광고라 할 수 있다.

페이스북 광고의 장점은 첫째 연령, 지역, 성향, 관심사 등 정교한 타겟팅이 가능하다는 점이다. 세분화된 타겟에게 광고 노출이 필요할 때 SNS 매체는 효과적이다.

둘째, 이미지, 동영상 등 다양한 형태의 광고를 집행할 수 있으며 길이에 제한이 없다. 단, 너무 긴 광고는 중간에 이탈자가 생길 수 있으므로 지양하는 것이 좋다.

셋째, 사용자의 페이스북 타임라인에 자연스럽게 노출되어 주목도가 높다.

페이스북 사용자는 자신의 페이스북에 접속하여 친구들의 소식을 보는 도중 광고에 노출된다.

넷째, 브랜드 페이스북, 게시물 공유, 홈페이지 방문, 구매 등 즉각적인 반응을 유도할 수 있다.

다섯째, 게시물 좋아요^{LIKE}, 공유, 댓글 등을 통해 실시간으로 고객과 소통하고 자연스럽게 바이럴될 수 있다.

(5) 디지털기술 활용 광고

디지털광고의 범위는 디지털 관련 매체를 활용하는 것 외에 디지털 기술을 활용하는 것까지 포함한다. 최근 TV, 신문, 옥외 등 전통 매체들은 디지털 기술을 접목하여 뉴미디어로 변화하고 있다. 디지털 기술은 광고 메시지의 전달력을 높이거나 소비자의 참여를 유도하기 위해 사용된다.

▌ 현대카드 Shake 캠페인
TV광고에서는 소리를 들을 수 없고, 디지털 기기에서 인식 가능한 비가청영역의 주파수를 삽입하여, 현대카드 앱을 실행할 경우에만 슈퍼콘서트 티켓 이벤트 참여가 가능한 형태의 광고

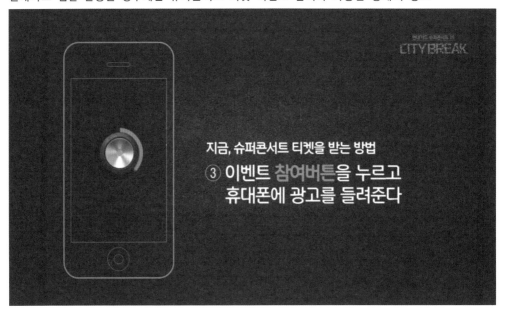

▌ 프랑스 파리 패션 쇼핑몰 라흐두뜨 La Redoute **옥외광고**

광고판에 날씨를 감지하는 센서가 있어 날씨에 따라 광고판 변화

02. 매체 전략

1) 매체전략의 의미

　　광고주가 의도한대로 소비자의 행동변화를 유도하는 것이 광고의 목표이다. 그러기 위해 광고기획에서는 소비자의 가치, 동기, 행동양식, 욕구에 합치되는 광고콘셉트를 만든다. 매체전략이란 이 광고콘셉트를 소비자에게 도달시키는 현실적 수단(매체)에 관계되는 제반을 기획하는 것으로, '광고목표의 달성을 위해 광고콘셉트를 표현한 광고 제작물을 일정한 기간과 주어진 예산 범위 내에서 소구대상층에게 효율적으로 전달하기 위한 매체 이용방법과 사고체계를 기술한 것'이라고 정의할 수 있다. 즉, 매체전략은 다음과 같은 내용으로 이루어진다.

- 광고목표의 달성에 초점이 맞추어져야 한다.
- 소구대상층에게 잘 전달될 수 있어야 한다.
- 시간 개념 즉, 시기와 기간이 포함되어야 한다.
- 지역이 명시되어 있어야 한다.
- 어느 정도의 강도로 매체에 노출시킬 것인지 정해져야 한다.
  - 총시청률 GRP , 도달률 Reach , 빈도 Frequency
- 크리에이티브 특성을 극대화시켜줄 수 있는 매체가 선정되어야 한다.
- 예산범위 내에서 실행에 옮겨질 수 있는 것이어야 한다.

2) 매체전략 수립 과정

매체전략 수립의 순서는 다음과 같다.

(1) 사전 검토 Pre-planning 단계의 필요성

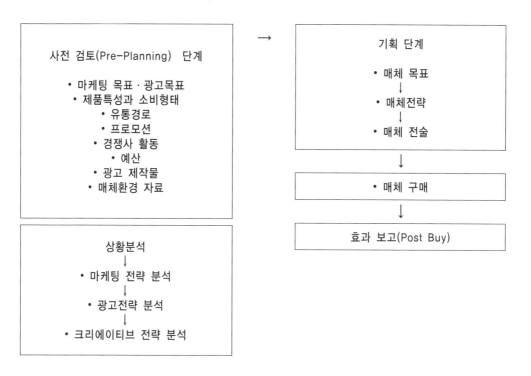

S라면의 매체전략을 세운다고 가정해보자. 매체전략 입안자는 매체전략을 어디에서부터 착수해야 하는가? 아무런 정보도 없이 S라면을 광고한다는 사실 하나만으로 매체전략을 수립할 수 있는가? 이렇게 해서는 결코 효율적인 매체전략을 만들 수 없을 것이다.

S라면의 광고목표가 무엇이며, 어떤 매체를 활용해 왔는지, 활용할 수 있는 예산은 얼마인지, S라면의 타겟 그룹 Target Group 은 누구인지, 경쟁사는 누구이며, 라면은 1년 중 언제 가장 많이 팔리는지 등의 정보를 매체전략 수립 착수 전에 파악해야 올바른 매체전략을 수립할 수 있다. 따라서 매체전략 수립의 순서는 본격적인 매체기획 Media Planning 단계와 사전 정보 파악 단계인 사전 검토 pre-planning 단계로 구분된다.

(2) 사전 검토 단계에서 검토해야 할 사항

매체전략을 수립하기 위해 상황을 파악하는 단계로 반드시 다음의 사실들을 알아야 한다.

① 마케팅 목표

마케팅 목표는 매체전략의 기본방향을 제시해 준다. 왜냐하면, 마케팅 목표에는 판매목표, 마케팅 예산, 브랜드의 최적예상고객, 지역별 판매와 판매가능성, 계절별(월별) 판매목표에 대한 사항들이 명시되어 있다.

② 광고목표

광고목표는 매체전략에 직접적인 영향을 주는 광고전략, 크리에이티브 전략에 관한 사항들이 포함되어 있다.

③ 제품특성과 소비형태

제품특성도 매체전략에 영향을 미친다. 한 예로 야광신발 광고는 낮 시간보다 밤 시간에 TV에 내보내는 것이 더 효과적이라고 할 수 있다. 소비 형태는 제품을 판매할 곳을 결정하는데 매우 중대한 영향을 미친다. 또한 어떤 종류의 소비자들이 그 제품을 필요로 하는지를 알려준다.

④ 유통경로

유통채널이 전국적인지 특정지역에만 한정되어 있는지에 따라 광고 대상지역은 달라진다.

⑤ 마케팅 타겟의 매체 소비행태

타겟별로 매체 소비습관이 다르기 때문에 공략하는 타겟이 어떤 매체를 주로 소비하는지 알아야 한다. 예를 들면 20대들은 디지털매체 소비가 많은 반면 50대 남성들은 신문 소비가 많다. 40대 주부들은 TV시청률이 높다.

⑥ 프로모션

S라면 발매 1주년을 맞이하여 S라면의 판매를 촉진시키고 기업과 소비자 간의 친밀도를 증대시키기 위해 경품퀴즈행사를 실시한다든가, S라면 끓이기

콘테스트를 실시한다고 할 때, 매체전략도 이러한 프로모션을 지원하도록 설계되어져야 한다.

⑦ 경쟁사 활동

매체전략을 수립하기 위해서는 경쟁사의 마케팅 노력과 광고 지원 노력을 알아야 한다. 경쟁사가 시장에서 무엇을 어떻게 하는지 알아야 그에 적절하게 대처할 수 있다.

⑧ 예산

확보된 예산은 얼마인지, 추가예산은 가능한지 등을 파악한다.

⑨ 광고 제작물(Creative Execution)

S라면이 먹음직스럽게 끓여지는 씨즐감을 보여주고자 한다면 신문이나 잡지 같은 인쇄매체보다는 TV가 더 적합할 것이다. 즉, 광고전략을 표현한 제작물의 종류와 특성에 따라 매체기획자는 어떤 형태의 매체가 더 적합한지 결정할 수 있게 된다.

3) 매체전략의 주요개념

많은 특수한 용어 및 개념이 매체전략에 사용된다. 여기서는 광고기획 담당자로서 기본적으로 알아야 할, 매체전략에 사용되는 주요 개념들을 소개하고자 한다. 이 개념들은 거의 모든 매체전략에 포함된다고 할 수 있을 만큼 중요한 것이다. 또 이들은 서로 분리할 수 없는, 매우 밀접한 상관관계를 유지하고 있다.

(1) TV매체효과

공중파, CATV, 종편을 포함하는 TV광고는 시청률 조사를 기반으로 광고효과 예측과 사후 효과측정이 가능하다. 매체전략 수립 시 TV광고를 집행할 경우 타겟 특성, 요일, 채널, 프로그램 등을 고려하여야 효율을 높일 수 있다.

예를 들어 주부타겟의 경우 드라마 프로그램의 시청률이 높게 나타나는 반면, 20~30대 젊은 타겟들은 종편 및 CATV를 주로 시청한다. 매체전략 수립 시 유의할 점은 시청률이 높다고 효율성이 높지는 않다는 점이다. 효율성이란 적은 예산으로 얼마나 큰 효과를 내느냐의 문제이다. 시청률이 높은 프로그램의 단가가 지나치게 비쌀 경우 효율은 낮아지게 된다.

TV매체전략 수립 시 기본적으로 고려해야 할 개념에 대해 알아보자.

① GRPs(Gross Rating Points, 총 시청률)

총 시청률은 일정 기간 동안 노출시킨 매체의 시청률 총계이다. 총 시청률은 타겟 규모 size 에 대한 백분율(%)로 표시한다. 총 시청률은 매체 간의 중복이나 반복 노출에 관계없이 전체 소구대상에 전달된 총량을 의미한다. 따라서 중복 계산되어질 수 있다. 총 시청률을 계산하기 위해서는 각 프로그램의 광고 시청률에 각각의 광고노출횟수를 곱해야 한다.

$$총\ 시청률(GRPs)\ =\ 시청률(\%)\ \times\ 노출횟수$$

■ 총 시청률 GRPs 계산법

프로그램	평균시청률(%)	노출횟수(회)	GRPs
A	20	2	40
B	15	4	60
C	25	2	50
D	10	5	50
			200

총 시청률 GRPs 은 '타겟에게 얼마나 많이 노출되었는가?' 즉, 양을 측정하는 도구로, 효율성과 노출된 타겟의 범위까지 고려하지는 않는다.

GRPs의 한계는 다음과 같다.

• 광고비가 많을수록 광고횟수가 많아지므로 GRPs는 자연스럽게 높아진다. 따라서 GRPs가 높다고 해서 전략이 우수하다고는 할 수 없다. 매체전략 수립 시 GRPs뿐만 아니라 비용 효율성을 의미하는 CPRP를 함께 고려하여야 한다.

• 동일 타겟에게 반복적으로 노출하여도 GRPs는 상승한다. 매체전략 수립 시, 노출을 원하는 타겟을 100%라 할 때, 100%에 가까운 타겟이 광고에 노출될수록 좋은 전략이라 할 수 있다. 하지만 GRPs는 타겟의 범위에 관계없이 반복 노출 시 상승한다. 따라서 타겟의 도달 범위인 도달률^{Reach}의 개념을 함께 고려하여야 한다.

② CPRP(Cost Per Rating Point)

CPRP는 표적 소비자 1%에 도달하는데 드는 비용을 의미하는 것으로 가격 대비 노출을 얼마나 했는지에 대한 수치로 다음과 같이 계산한다,

CPRP = 광고비 ÷ 시청률(%) 또는 GRPs

광고매체업무에서는 다음과 같이 주로 3가지의 용도로 활용된다.

첫째, 개별 매체를 선정하기 위해 각 매체의 노출 효율성을 평가하는데 활용된다. 예를 들어, 어떤 프로그램 B와 C의 시청률이 각각 20%, 25%이지만 프로그램 B와 C의 1회당 광고비는 동일하게 700만 원이라면 프로그램 B와 C의 CPRP는 각각 35만 원(=700만 원/20%), 28만 원(=700만 원/25%)이 된다. 따라서 프로그램 C가 프로그램 B에 비해 더욱 효율적이라는 것을 알 수 있다. 따라서 광고주 입장에서는 프로그램 C를 일차적인 구매대상으로 한다. 이러한 측면에서 CPRP는 개별 매체를 선정하는데 중요한 정량적 기준으로 활용된다.

둘째, 매체 스케줄$^{Media\ Schedule}$에 대한 사전 또는 사후의 노출효과에 대한 효율성을 분석하는데도 CPRP는 유용하게 사용된다. 예를 들어 광고주 A는 지난 달 TV에 총 3억 원의 광고비를 투입하였는데 월 300 GRPs를 획득하였다고 하고, 광고주 B는 똑같은 광고비를 투입하여 월 150 GRPs를 획득하였다고 한다. 이때 광고주 A의 월간 CPRP는 100만 원(=3억 원/300 GRPs)이나 광고주 B의 월간 CPRP는 200만 원(=3억 원/150 GRPs)이다. 따라서 광고주 A는 광고주 B에 비해 동일한 광고예산으로 매체도달효과의 측면에서 2배나 효율적인 매체 집행을 하였다고 볼 수 있다.

셋째, CPRP는 광고예산을 결정하는 데도 유용하게 사용되는 개념이다. 예를 들어 어떤 광고주 A가 매체전략상 30~40대 여성을 대상으로 향후 3개월 동안 MBC-TV의 오전 주부시간대에 200GRPs를 매월 노출하기로 결정했고, MBC-TV 프로그램의 오전 주부시간대에 대한 30~40대 여성의 CPRP가 100만 원이라면 그 광고주는 매월 2억 원의 광고비를 3개월 간 투입해야 한다.

③ 도달률(Reach)

도달률의 개념은 적어도 몇 %의 타겟 소비자에게 광고를 도달시킬 것이며 또 도달되었는가를 계산하는데 사용된다. 즉, 주어진 기간 내 광고에 노출된 타겟의 비율이다. 예를 들어 'Reach 1+가 70%'는 광고 타겟 중 70%가 광고에 1회 이상 노출되었음을 의미한다. 매체전략 수립 시 'Reach 1+'와 함께 'Reach 3+'를 예측하는데, 그 이유는 광고에 최소 3번 이상은 노출되어야 효과가 있기 때문이다.

④ 노출빈도(Frequency)

이 개념은 광고에 노출된 타겟이 단위기간 동안 평균적으로 몇 회씩 광고를 접했는가를 밝히는 것이다. 즉, 노출빈도는 광고메시지에 노출된 평균횟수다. 여기서 주의할 점은 광고주나 광고회사 입장에서 주어진 기간 내에 몇 회 광고를 노출시켰느냐를 따지는 것이 아니라는 점이다.

노출빈도의 중요성은 다음의 예로써 설명한다. 한 컵의 물에 설탕을 한 숟가락씩 차례로 넣어 단맛을 느끼도록 한다고 가정하자. 처음 한 숟갈의 설탕을 넣었을 때는 단맛을 느끼지 못하였다. 두 번째 또 한 숟갈의 설탕을 넣었는데도 단맛을 느끼지 못하였다. 세 번째 또 한 숟갈의 설탕을 넣자 비로소 단맛을 느끼기 시작하였다. 이 세 번째 한 숟가락의 설탕이 바로 인지 점화 수준인 역치 Threshold 가 되는 셈이다.

소비자는 주목하여 광고를 보지 않는다. 광고를 보내고 있는 시간에 소비자는 TV 앞에서 옆 사람과 대화를 나눌 수도 있고, 아예 TV를 보고 있지 않을 수도 있다. 이런 소비자에게 적정한 노출빈도를 보임으로써 비로소 광고 메시지를 알아차릴 수 있도록 해야 하는 것이다.

매체 용어로 역치 Threshold 란 투입된 광고비나 매체량이 비로소 제품판매에 영향을 미치기 시작하는 하한선, 즉 인지점화수준을 말한다. 매체용어로는 광고 타겟이 비로소 그 메시지를 알아차리고 그 정보를 받아들이기 시작하는 최소한의 노출횟수를 의미한다.

⑤ 유효 노출빈도(Effective Frequency)

빈도를 설명할 때 최소 노출빈도가 필요하다고 하였다. 즉, 역치 이상의 노출빈도가 있어야 한다. 최소노출빈도 이상(Threshold +)의 노출빈도를 유효노출빈도라 한다.

⑥ 평균 빈도(Average Frequency)

광고주 입장에서 일정기간 내에 투입한 광고량에 대해 표적수용자가 평균적으로 몇 번 정도 시청하였는가를 알아보는 것은 중요하다. 이를 위해 사용되는 개념이 평균빈도이다. 평균빈도는 항상 도달률과 함께 사용되는 용어이며, 평균빈도의 뜻은 일정기간 내 표적수용자 중 실제로 한 번 이상 노출된 사람들만을 대상으로 이들이 평균적으로 그 매체에 몇 번 노출되었는가를 구한 수치이다. 평균 빈도는 총도달률을 도달률로 나누어 구할 수 있다.

평균빈도 = GRPs ÷ Reach

(2) 온라인 매체효과

온라인매체의 특장점은 효과측정이 명확하다는 것이다. 광고를 구매하는 단계부터 노출보장, 클릭보장 등 효과를 보장하는 상품이 많이 있다. 온라인 매체 집행이 많아지고 있기 때문에 기획 담당자는 온라인 매체효과와 관련된 용어를 이해하고 있어야 한다.

① CPM(Cost Per Mille)

노출 1000회당 드는 광고비용을 의미한다. 지불하는 광고비 대비 얼마나 노출시킬 것인가를 측정하는 것으로 노출효율성을 측정한다. 배너광고, 바이럴 영상 광고 모두 CPM 개념을 활용하며, 중복되는 노출 수치까지 모두 노출로 포함된다. 주로 효율 보장 온라인 상품 판매 시 CPM을 활용한다.

② CPC(Cost Per Click)

온라인 광고를 본 후 1클릭을 달성하는데 비용이 얼마나 사용되었는지 평가하는 개념이다. 온라인 광고의 특장점 중 하나는 광고를 클릭해서 우리 기업의 제품 정보를 더 많은 사이트로 유도하는 것이다. 이런 관점에서 볼 때 CPC는 실질적인 효과라 볼 수 있다. 클릭이 중요한 경우 CPC를 개런티하는 광고 상품을 선택해 활용할 수 있다.

③ CPA(Cost Per Action)

단순 클릭을 넘어 회원가입, 앱다운로드, 이벤트 참여 등 특정 액션까지 유도하는 데 필요한 비용이다. SNS 가입, 광고시청 시 일정 리워드를 지불하는 상품이 등장하면서 CPA에 대한 평가가 필요해졌다.

④ CPV(Cost Per View)

동영상 광고 1회를 시청하는 데 사용된 비용을 의미한다. 온라인 바이럴 광고가 많아지면서 CPV에 대한 관심이 높아지고 있다. CPV는 광고를 통한 시청뿐만 아니라 자발적 시청까지 포함하는 개념으로, 동일한 매체에서도 콘텐츠의 재미와 관심도에 따라 CPV가 다르게 나타난다.

광고기획자는 광고비가 지불되지 않고 자발적으로 시청한 횟수인 순수 시청 횟수Organic View 를 높일 수 있도록 노력해야 한다.

⑤ VTR(View Through Rate)

전체 광고 길이 중 재생 완료 비율을 의미한다. 예를 들면 60초 광고 소재를 15초만 보았다면 VTR은 25%이다.

⑥ CTR(Click Through Rate)

배너광고 하나가 노출될 때 클릭되는 횟수를 뜻한다. 보통 '클릭률'이라고 하며 특정 배너가 100번 노출됐을 때 1번 클릭하면 CTR은 1%가 된다.

8장

성공 광고 캠페인 사례

01. SK이노베이션 - 2017 캠페인

SK innovation
2017 캠페인 제안서

Daehong Communication Group

캠페인 과제

2030대를 타겟으로
SK이노베이션 **정인지율** 높이기

SK이노베이션 기업PR
〰〰〰 B2B 기업PR

쉽지 않은 숙제입니다

먼저, B2B커뮤니케이션에 대한 〰〰〰
2030의 인식을 들어보았습니다.

[대홍기획 20대 FGI 조사 (3개그룹 / N=18)]

수 많은 B2B기업들이 〰〰〰
2030들과 가까워지기 위해서 노력하고 있습니다.

| 최근 온에어된 B2B 기업PR 광고

포 스 코	두 산	한 화	삼 양
철처럼 강한 청춘	지구와 인류를 위해 꼭 필요한 기술	현실에 굴하지 않고 타오르는 불꽃	생활 속에 필요한 새로운 기술을 만드는 삼양
16년 간 PR광고비 약 3,200억	16년 간 PR광고비 약 4,000억	3개년 PR광고비 약 450억	3개년 PR광고비 약 40억

하지만 2030 조사 결과 〰〰〰
호응이 아닌 거부감을 사고 있었습니다.

| B2B 기업PR 광고 접촉 후 인식 변화

포 스 코	두 산	한 화	삼 양
69%	48.4%	69%	73.4%
철처럼 강한 청춘	지구와 인류를 위해 꼭 필요한 기술	현실에 굴하지 않고 타오르는 불꽃	생활 속에 필요한 새로운 기술을 만드는 삼양

"변화 없다" or "부정적으로 변화"

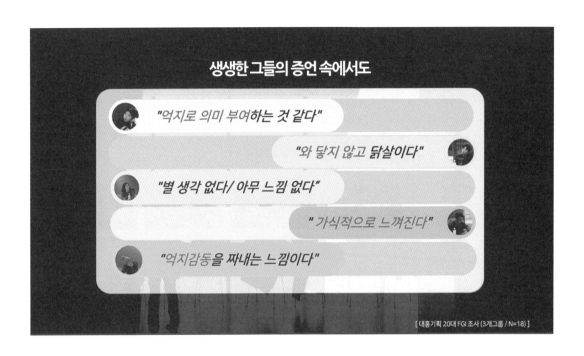

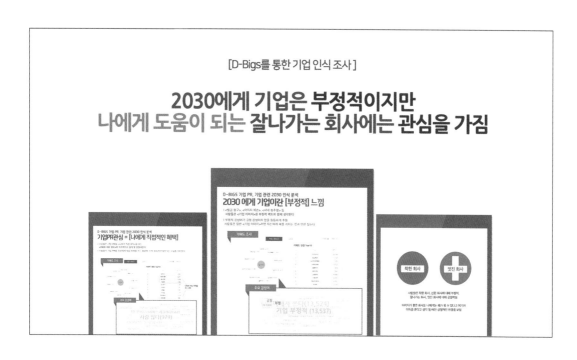

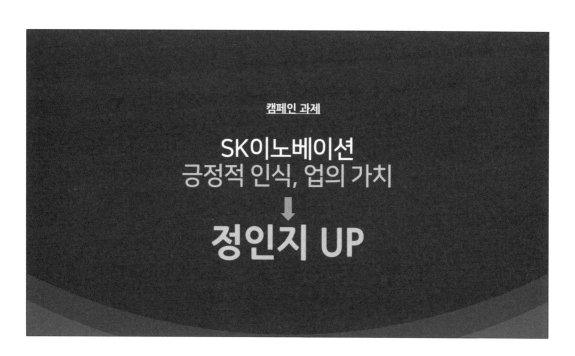

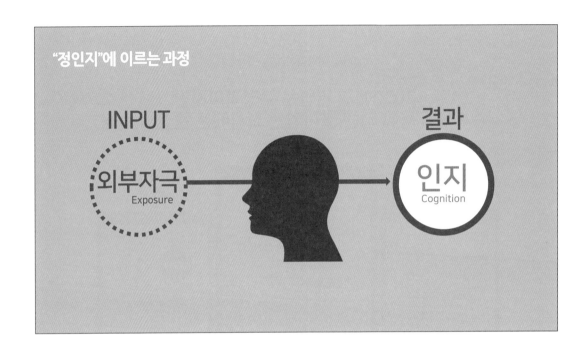

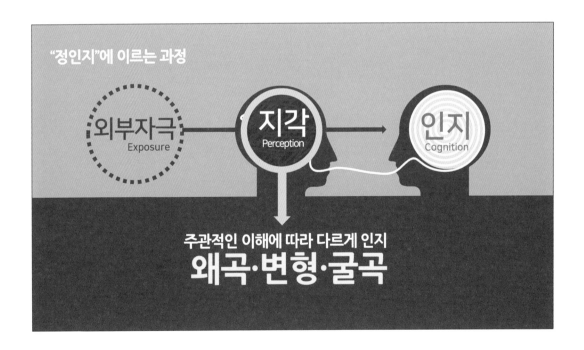

4차 산업혁명 시대의 광고기획 솔루션

지각의 왜곡, 변형을
뛰어 넘기 위해 〰

인지
알아보기

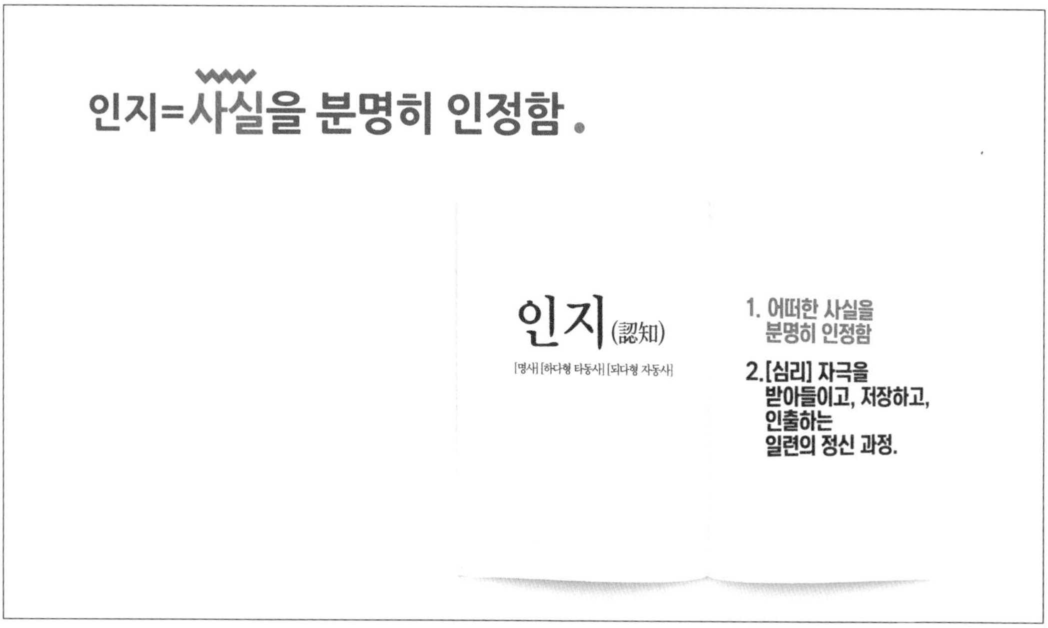

인지=사실을 분명히 인정함.

인지 (認知)

[명사] [하다형 타동사] [되다형 자동사]

1. 어떠한 사실을
   분명히 인정함

2. [심리] 자극을
   받아들이고, 저장하고,
   인출하는
   일련의 정신 과정.

커뮤니케이션 목표

정인지로 이르게 하는 것

WHAT TO SAY ◆ 캠페인의 출발점

꾸미지 않고 사실을 있는 그대로 전달

SK이노베이션의
WHAT TO SAY를 찾는 길

대홍기획은
한걸음 더 들어가겠습니다

객관적으로 점검한 결과를 토대로 한
Target Insight를 말씀 드리겠습니다

2030
빅데이터 분석

2030
정성조사
(3그룹)

2030
브랜드 리서치
(정량조사 : 300명)

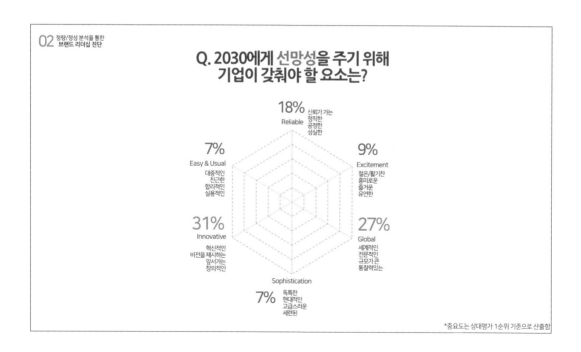

02 정량/정성 분석을 통한
브랜드 리더십 진단

Q. 2030에게 선망성을 주기 위해
기업이 갖춰야 할 요소는?

18%
Reliable
신뢰가 가는
정직한
공정한
성실한

9%
Excitement
젊은/활기찬
흥미로운
즐거운
유연한

7%
Easy & Usual
대중적인
친근한
합리적인
실용적인

31%
Innovative
혁신적인
비전을 제시하는
앞서가는
창의적인

27%
Global
세계적인
전문적인
규모가 큰
통찰력있는

Sophistication
7%
독특한
현대적인
고급스러운
세련된

*중요도는 상대평가 1순위 기준으로 산출함

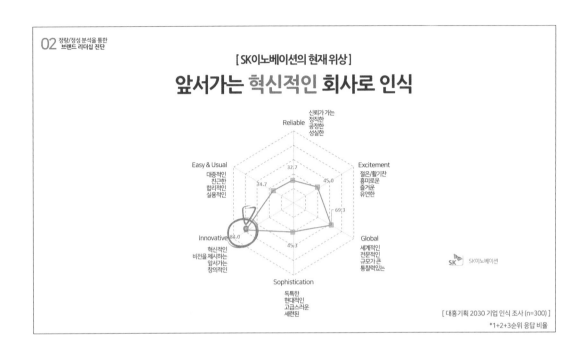

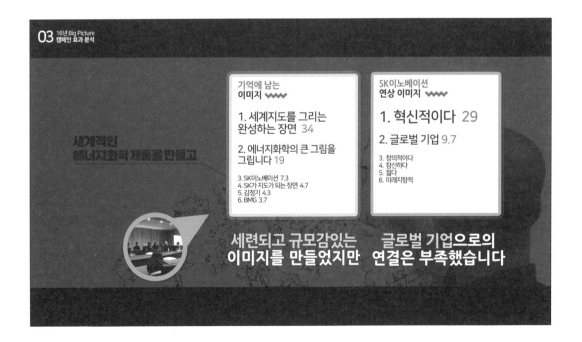

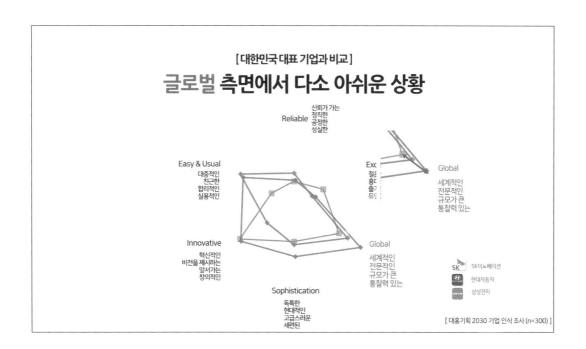

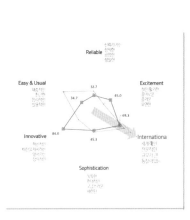

Mission

글로벌 리더십을 더욱 공고히 해 ∿∿
세계적인 리딩 기업으로 나아가야 합니다

글로벌 인식의 근거가 되는
TV 속, 실체 메시지를 전달한 결과,

**지구 곳곳에서
숨은 원유를 찾아내고**

**세계적인
에너지 화학 제품을 만들고**

**세계적 기술의
윤활유와 전기차 배터리로**

**수출강국
글로벌 대한민국을
만듭니다**

[인식전환의 단초]
SK이노베이션의 글로벌 인식 강화

> "원전을 갖고 있다니, 다시 보게 되네요"
>
> "규모감이 느껴지면서, 글로벌 회사처럼 보여요"
>
> "수출강국이라고 하니 세계적인 느낌이 들어요 "

브랜드 리더십 지수의 드라마틱한 변화

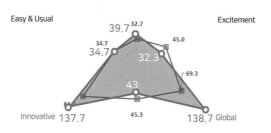

[Key Finding]

SK이노베이션의 글로벌을 더욱 실감하게 만드는 것

실체가 지닌 힘

문제의 핵심

힘있는 실체를
어떻게 잘 전달할 수 있을 것인가

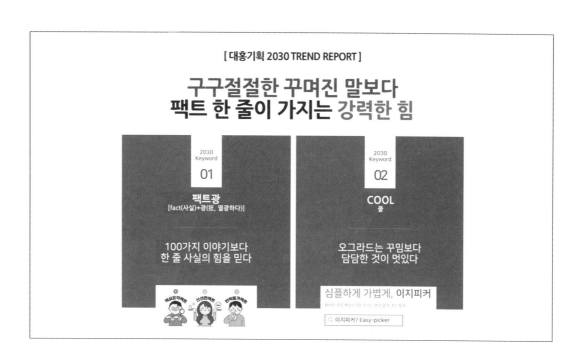

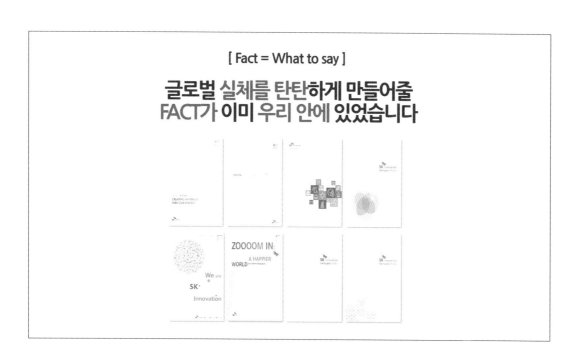

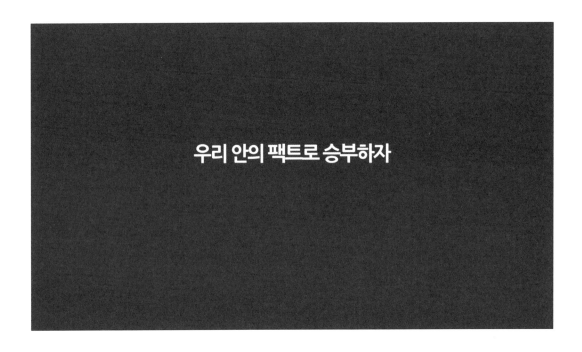

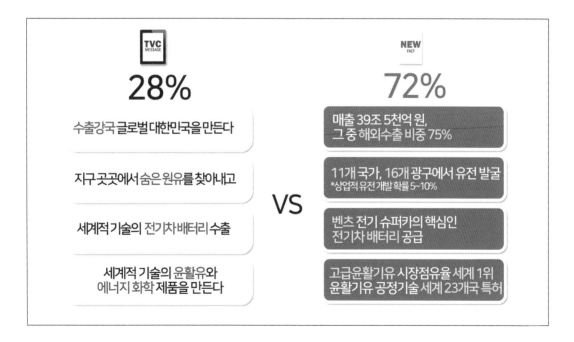

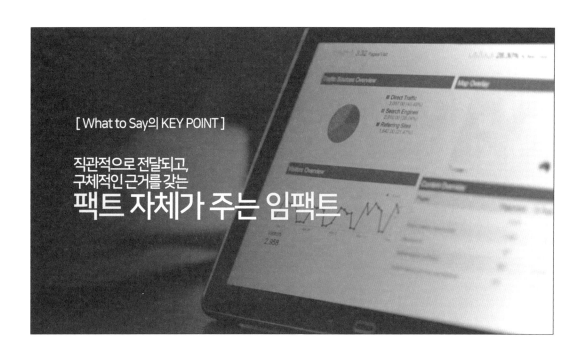

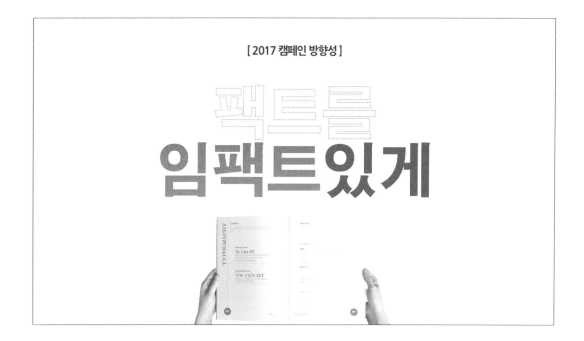

4차 산업혁명 시대의 광고기획 솔루션

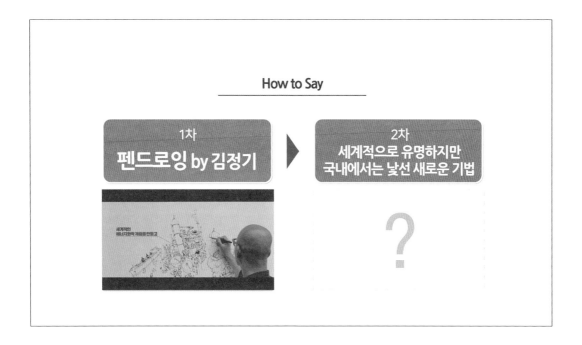

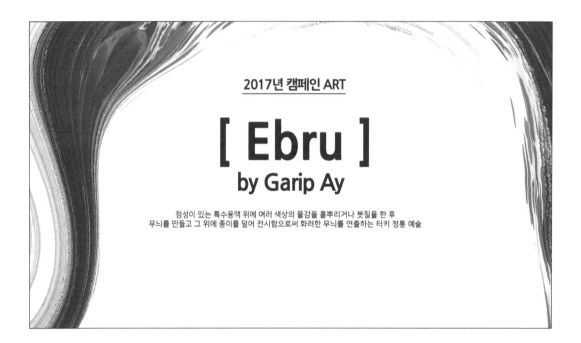

2017년 캠페인 ART

[Ebru]
by Garip Ay

점성이 있는 특수용액 위에 여러 색상의 물감을 흩뿌리거나 붓질을 한 후
무늬를 만들고 그 위에 종이를 덮어 전시함으로써 화려한 무늬를 연출하는 터키 정통 예술

STB 30 A

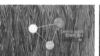

대한민국의 에너지를 만드는 기업
이것은 팩트

세계 31개국에 에너지 수출
이정도 되면 임팩트

대한민국 최초의 석유화학 회사
이것은 팩트

독자개발 화학소재 60개국 공급
이정도 되면 임팩트

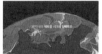

대한민국의 팩트를

세계의 임팩트로

에너지 화학의 큰 그림을 그립니다
SK이노베이션

STB 30 B

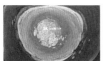 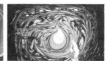

대한민국의 에너지를 만드는 기업
이것은 팩트

세계 12개 광구에서 에너지 개발
이정도 되면 임팩트

윤활유와 전기차 배터리 생산
이것은 팩트

세계적 자동차의 글로벌 파트너
이정도 되면 임팩트

 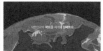 

대한민국의 팩트를

세계의 임팩트로

에너지 화학의 큰 그림을 그립니다
SK이노베이션

PRINT

PRINT

RESULT 및 성공요소

실체를 활용한 명확한 메시지 전략

글로벌 에너지화학 기업 정인지율 역대 최고수준으로 상승

|역대 SK 광고효과 조사 중 최고수준 기록|

단위 |%/N=1000|

[기업정인지도]	[사업분야인지도]	[기업호감도]
4.4% UP↑	6.7% UP↑	6.1% UP↑

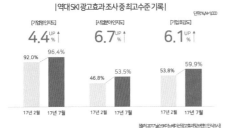

92.0% 96.4% 46.8% 53.5% 53.8% 59.9%

17년 2월 17년 7월 17년 2월 17년 7월 17년 2월 17년 7월

[출처 2017 SK이노베이션 브랜드광고효과및브랜드인식조사]

아트버타이징이 주는 주목도, 차별화

아티스트 활용 Creative 기업의 커뮤니케이션 자산화

	선호(동의) (TOP3)
	보통(Mild)
	비선호(반대) (BOT3)

✓광고의 영상미가 좋다 83.7 / 12.8 / 3.5
광고 텍스토가 좋다 82.6 / 13.5 / 3.9
✓광고의 표현이 차별화된다 82.2 / 13.0 / 4.8
✓광고가 눈에 띈다 82.0 / 13.8 / 4.2
광고가 새롭고 독특하다 81.2 / 15.1 / 3.7
광고이미지와 화학기업광고로서어울린다 81.2 / 14.1 / 4.7
광고가 기업이미지광고로서어울린다 79.4 / 15.5 / 5.1
광고 브랜드와 어울린다 78.7 / 17.2 / 4.1
광고가 이해하기 쉽다 78.5 / 16.6 / 4.9
광고가 기업에 대한 새로운 정보를 제공한다 76.9 / 18.1 / 5.0

[광고속성별선호도(동의도)조사]

[출처 2017 SK이노베이션 브랜드광고효과및브랜드인식조사]

RESULT 및 성공요소

정량적 결과

온라인 조회수 총 2천4백만뷰 돌파

· 상반기 조회수 약 14,868,072회

*클라이언트 KPI Youtube + Facebook 조회수 기준

정성적 결과

다수의 광고제 수상을 통한 기업 호감도 상승

· 2017 올해의 브랜드대상 – 기업PR대상
· 2017 대한민국 광고대상 – 4개부문 파이널리스트
· 2017 서울영상광고제 – 파이널리스트
· 2017 경향광고대상 – 대상
· 2017 MTN 방송광고 페스티벌 - 대상
· 2017 코리아헤럴드 광고대상 - 대상
· 2017 파이낸셜뉴스 광고대상 - 대상

02. GS칼텍스 – 마음이음 연결음

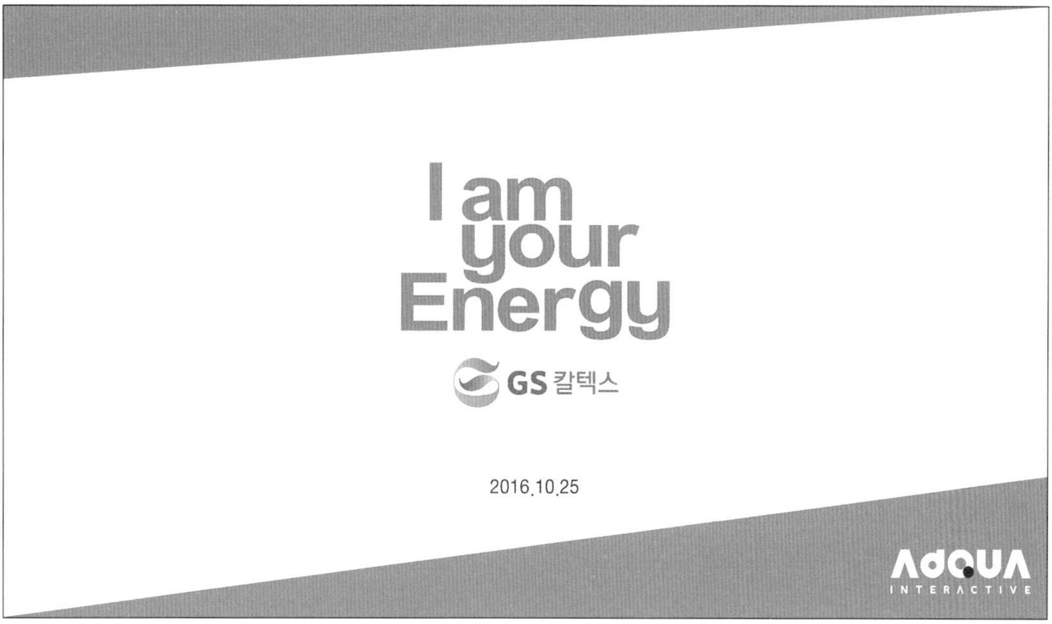

I am
your
Energy

⑤ GS 칼텍스

2016.10.25

A**d**QUA
INTERACTIVE

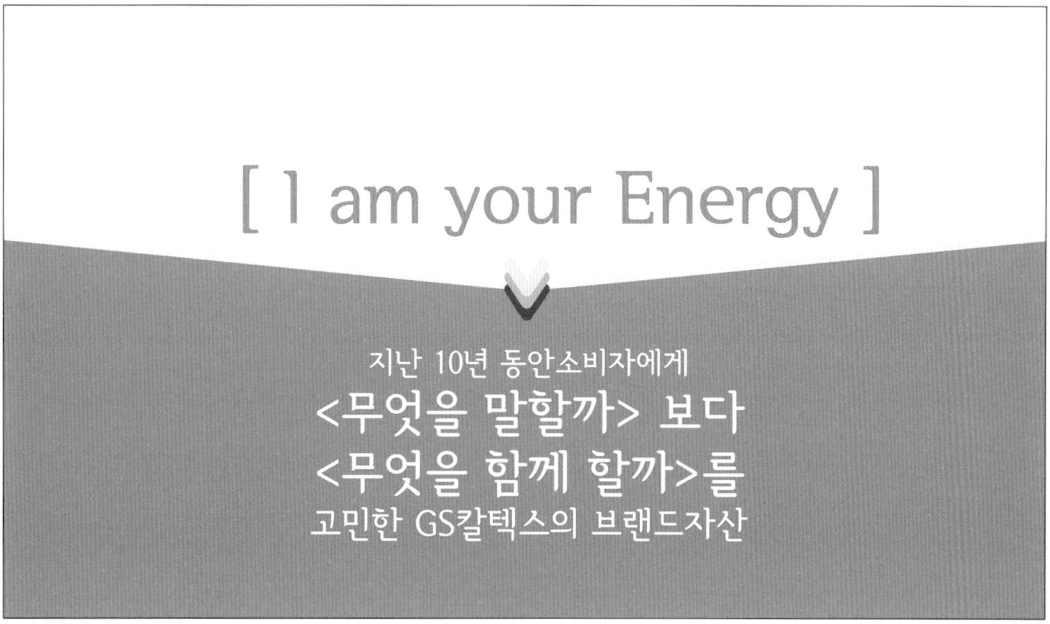

[I am your Energy]

지난 10년 동안 소비자에게
<무엇을 말할까> 보다
<무엇을 함께 할까>를
고민한 GS칼텍스의 브랜드자산

2016년
[I am your Energy]
캠페인의 관점

소비자 스스로
공감하고
참여하고
경험하고
공유하게
하자

[How to ?]

결국 본질은
소비자에게
어떤 즐거운 에너지를
줄 수 있는가에 있다

Qusetion1.

대한민국 국민에게
가장 큰 에너지가 필요한
시점은 언제일까?

Qusetion2.

무엇보다 그 에너지에
우리 모두가 공감하고
즐거워할 수 있을까?

Qusetion3.

공감하고 즐겁다면
다른 사람에게 그 에너지를
공유하고 싶은
Social Value가 있을까?

수 많은
아이디어와
질문들
의심들
실행방안들
...

한가지 단서!

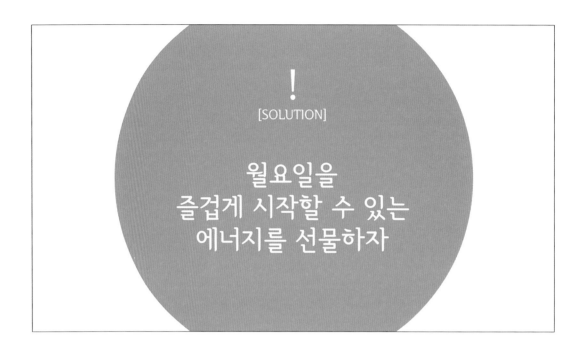

!

[SOLUTION]

월요일을
즐겁게 시작할 수 있는
에너지를 선물하자

[Campaign Slogan]

Hello
Monday

월요일이 즐거워지면
대한민국이 즐거워진다

I am your Energy GS 칼텍스

1. 캠페인 구조

ADQUA INTERACTIVE

개그 콘서트 가상광고를 통해 캠페인 인지, 디지털 중심으로 캠페인 관여 및 참여 유도

```
개그 콘서트          각 유저군 대상         포털(NAVER 등)
캠페인 광고 노출       캠페인 인지           PC/모바일 키워드 광고

                   액티브 검색 유저;        연관 검색어
                   헬로먼데이, 월요병        지식인 (SEO)
                                          블로그 (SEO)
                   일반 포털 유저           포털 콘텐츠 DA
                                          추천기사 콘텐츠
                                          Facebook
                   일반 페이스북 유저        공감 / 참여 콘텐츠

                                          Native AD
                   GS칼텍스 FAN            (인사이트, 위키트리 등)

                                          FB 커뮤니티
```

[GS 칼텍스 MH 콘텐츠]

[포털 블로그, 지식인_SEO]

[GS 칼텍스 FB 콘텐츠]

[GS 칼텍스 FB/MH 헬로먼데이 참여 페이지]

1차 노출	검색 유입	멀티 노출	관여, 체험	캠페인 참여

---

2. 캠페인 실행

ADQUA INTERACTIVE

개그콘서트를 통해 약 10개의 회사가 선정된 이후, 공약 성공적으로 이행

[실제 참여사들의 공약 집행 모습]

3. 캠페인 확장

Mass Audience 대상, 헬로먼데이 캠페인의 제한적 경험을 확대 할 필요성 감지

좀 더 파급력을 높이고 소비자들이 직접 '월요병'에 대해 문제 의식,
'증상을 완화 시킬 수 있는 방안'에 대해 고민 하도록 독려

3. 캠페인 확장

'헬로먼데이' 캠페인 경험의 통로를 확장

월요병을 해소할 수 있는
참여 지점 확대

콜라보 with 메가박스

월요병에 대한 경험의 확장
(문제 의식 및 해소 방안에 대한 관심 증대)

헬로먼데이연구소 OR Social Context 기반
바이럴 영상

'월요병' 주제를 통한 경험의 확장

헬로먼데이연구소 를 통해 '월요병'에 대한 솔루션 제공	헬로먼데이 바이럴 영상을 통해 '월요병 해소'에 대한 인식 재고
[A-1안 - REAL LIFE SOLUTION] 실용성 아이템 기반으로 월요병 문제를 본질적으로 해결 하는 솔루션	[B안 - TELEMARKETER'S HELLO MONDAY] 내 행동 변화로 다른 사람의 월요일을 변화 시킬 수 있다는 내용의 영상 기획
[A-2안 - CIDER SOLUTION] '월요병'에 대한 개인화된 감정을 해소 시키는 방안의 솔루션	

소비자 사연 중 받았던 '상담사'들의 고충에 주목, 이를 바탕으로 전화 인터뷰 진행

1. 다니고 있는 회사를 소개해주세요'

2. 우리 회사(혹은 우리 팀) 가 특별히 월요일에 더 힘든 이유가 있다면? 월요병으로 힘들었던 에피소드를 들려주세요'

3. 우리회사(혹은 우리팀)의 월요병 없는 월요일을 위해 하고 싶은 것'
(※ 월요일 오전에는 좋은 소식과 결과를 보려가고 싶어요 요 고운한 월요일을 만기/ 보람을 느낄 시간이 있었으면 좋겠어요 등등)

이름'

1. 다니고 있는 회사를 소개해주세요'

2. 우리 회사(혹은 우리 팀) 가 특별히 월요일에 더 힘든 이유가 있다면? 월요병으로 힘들었던 에피소드를 들려주세요.'

3. 우리회사(혹은 우리팀)의 월요병 없는 월요일을 위해 하고 싶은 것'
(※ 월요일 오전에는 좋은 소식과 결과를 보려가고 싶어요 고운한 월요일을 만기/ 보람을 느낄 시간이 있었으면 좋겠어요 등등)

이름'

사연을 남긴 상담원들과의 직접적인 인터뷰 진행

Q. 사연 내용 중 월요일에 유난히 폭언이 많다고 하는데?

A. 저희가 하는 일이 보험금을 지급하는 업무다.
월요일에 유난히 폭언이 많은 이유는 전전 주에 신청한 보험금에 대해, 주말에 해당 금액에 대해 곰곰이 생각해본 후, 부당하다고 판단하는 경우가 많다.

그리고 주말에는 업무를 하지 않아 주말에는 보험금을 지급하지 않는데, 주말에 보험금을 지급하지 않았다는 이유로 쌍욕을 하는 경우가 많다.

특히, 치료비 부분, 실비 개념 자체를 이해하지 못하고, 치료비 전체를 지급하지 않았다는 이유로 화를 낸다.
우리는 약관 규정을 통해 정확하게 지불하는데도

월요일 오전에는 출근하자마자 9시에 전화가 온다.
콜센터에서 넘어오는 전화(인콜), 접수된 민원 안내전화(아웃콜) 정신이 없다.

특히 돈하고 연관되는 업무이다보니, 더 달라고 생떼쓰는 경우가 참 많다.
일반센터보다 악성민원이 훨씬 많은 편이다.

그리고 월요일에 들어오는 민원 상담 양이 평소의 1.5배가 넘는다.

Q. 민원인이 욕 했을 때 대처 방법이 없나?

A. 욕하는 민원인은 형사처벌 대상이다. 하지만 신고를 해본 적도 하기도 힘들다.
그저 욕하지 마시라고 달랠 뿐이다. 아무래도 CS업무이다보니…
욕하는 민원인 전화를 그냥 끊어버리면 불친절 패널티를 받게 되기에 중간에 끊어버릴 수도 없다.
물론, 같이 욕하는 경우에는 더 심한 패널티를 받게 된다.

Q. 가장 심하게 들었던 욕설 혹은 에피소드는?

A. 전화를 받자마자 다짜고짜 "씨발년아!"라고 욕을 시작하더라.
누구시냐고 응대를 하자마자 "니가 뭔데 돈을 안줘? 너네 부모 내가 가위로 다 잘라 죽일거야.
너네 부모 생식기를 내가 다 난도질 해버릴거야"
라고 욕을 시작하더니, 끊임없이 부모님 욕을 하더라.
그래도 분이 안 풀리는지 상급자와의 통화를 요구했고 부장님이 전화를 돌려 받으셨다
알아듣게 타일러도 듣지 않더니, 부장님께서 비슷한 욕설을 하면서
담당자가 사과를 할 때까지 ?????(듣지 못함) 한다고 해서, 결국은 내가 '죄송하다'고 사과했다.
욕 먹는건 일상이라 아무렇지도 않은데 부모님, 가족 욕까지 들을 땐,
정말 참기가 힘들고 삶에 회의가 든다.

Q. 업무 스트레스가 상당하겠다. 스트레스 해소는 제대로 하고 있나?

A. 스트레스가 많다 보니 군것질(단 것)들을 많이 먹는다. 입사하고 몸무게가 많이 늘었다.
그리고 하도 듣는 게 욕이다. 보니 업무 외적으로 자기도 모르게 중얼중얼 욕들을 엄청 많이 한다.

Q. 회사에서 스트레스 해소 복지 제도 같은 건 없나?

A. 정신적으로 스트레스가 많은 업무이다 보니, 수요일마다 정신과 선생님이 회사 상담센터에 방문해 상담을 해주신다.
하지만 업무 중간 시간이라 중간에 들러서 상담받기가 많이 부담스럽다. 중간에 걸려오는 전화(인콜)등등 업무가 쌓이면 그 만큼 퇴근 시간이 늦어져서 이용하는 사람들은 드물다.

인터뷰를 진행함으로써 얻은 인사이트가 '마음이음 연결음' 캠페인의 포석이 됨.

'물질적인 보상이 아닌 따뜻한 말 한 마디'

GS칼텍스의 I am Your Energy라는 슬로건처럼
소비자들이 누군가의 Energy가 될 수 있다는 점에서 착안,
이를 캠페인 아이디어로써 출발

단순한 공감에서 끝나는 메시지가 아닌, 실제 상담원들의 문제를 해결하는 솔루션의 필요성 대두

[갑정 노동 톡톡]반품 거절하자 "못배운 X, 평생 그거나 해라"

콜센터 女상담원에 340회 음담패설·욕설... 갑질 백태

보험사 콜센터에 한시간 넘게 욕설… 남성고객, 카드사 콜센터 상담원에 막말 : 성희롱하다 입건

"죽고 싶나" 5년간 폭언...콜센터 상담원 몰린 '악마의 전화'

콜센터에 성희롱·욕설 악성민원 심각…"상담사들 우울증 호소"

[애드쿠아/GS칼텍스에게 전달 된 콜센터 상담원의 사연] [사회 전반적인 문제로 떠오르는 콜센터 업계의 업무환경]

그들의 에너지를 채워 줄 방법?
욕설/폭언 방지
해결책을 만들어주자!

GS칼텍스의 사전 캠페인을 통한 콜센터 직원들이 겪는 문제의 '본질'을 파악
실제로 문제를 해결할 수 있는 솔루션 제시

기존의 응대가 딱딱한 기계음의 목소리였다면

텔레마케터들의 월요일을 바꾸기 위해

"텔레마케터 분에게 좋은 말 쓰세요."
라는 메시지

다른 그 누구의 입보다
텔레마케터 가족의 입으로 전달 할 때
더 강력하고 진정성 있게 느껴질 수 있지 않을까

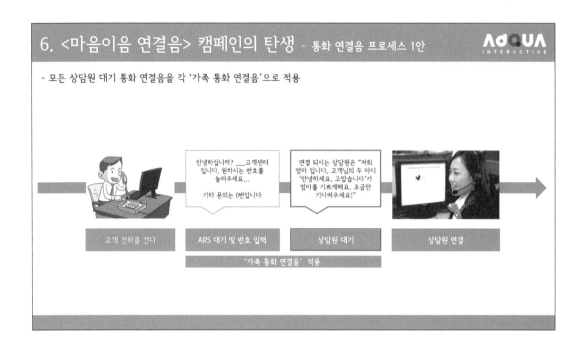

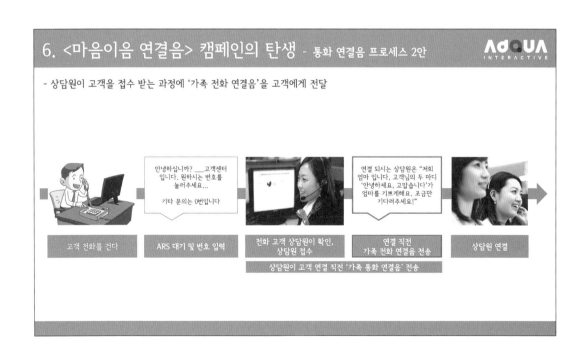

#검은 화면에 파형과 함께 욕설이 들린다

#불편한 표정의 상담원의 인터뷰

#콜센터 관련 뉴스 자료들 〉 페이크 뉴스 기사 7/7까지 프로덕션 전달 예정

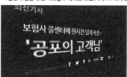

녹음된 음성)
아~ 미친X이, 말귀 X나 못 알아듣네
아줌마가 사람 짜증나게

*편집 본과 동일하게 수정 예정
상담원) 너무 힘들어요. 자존심도 많이 상하고

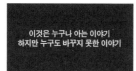

#통자막

#도심 스케치 영상

자막/NA)
이것은 누구나 아는 이야기
하지만 누구도 바꾸지 못한 이야기

그래서, 바꿔보려 합니다
GS칼텍스
[마음이음 연결음]

#녹음실, 연결음을 녹음 중인 할아버지, 중년 남자

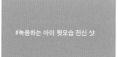

#녹음하는 아이 모습 C.U

중년 남) 연결드릴 상담원은
착하고 성실한 제 딸입니다.
잠시만 기다려 주세요

남)
사랑하는 우리 아내가 상담드릴 예정입니다.
잠시만 기다려 주세요

자막/Na)
상담원도 누군가의 소중한 가족이란 것을
연결음을 통해 들려주었습니다.

유치원생)
제가 가장 좋아하는 우리 엄마 가 상담드릴 예정이에요.
잠시만 기다려 주세요.

#이어서, 파형 위로 들리는 아이의 녹음 멘트

#행복한 모습으로 상담 하는 상담원들의 모습

상담원1)
네~ 감사합니다 고객님

상담원2)
네~~

상담원3)
감사합니다 ~

7. <마음이음 연결음> 캠페인의 챌린지

다양한 콜센터 업계와의
컨택 진행했지만 아이디어 진행에 난항을 겪음

실무자 적용 어려움	개발 이슈	소비자 행동
실무자 가족구성원 노출 어려움	기존 실행 프로세스 개발 어려움	가족 노출의 경우 블랙컨슈머의 악용 우려
직원 이직,퇴사 등 현실적 적용 어려움	업체 시스템에 맞는 프로세스 수정 필요	바로 연결될 수 있음에도 '연결음' 을 들어야하는 불편함 작용

7. <마음이음 연결음> 캠페인의 챌린지

지자체, 기업 등 많은 업체와의 미팅을 진행하며 아이디어에 대한 현실성 구체화 진행 됨

용인시청　　　경기도일자리재단

　　시흥시청　　경기도청

안산시청

　　성남시청　　안양시청

수원시청　　　부천시청

인천시청　광명시청　고양시청

[지자체 콘택 진행 리스트]

위메프　　　　　　　정관장
　　　　　　LB휴넷
쿠팡

씨엔티테크　　　　트랜스코스모스
　　　　　　밀버스
　　　　　　　　　GS SHOP
벤츠코리아
　　　　　컨센트릭스
조흥은행　　레미안　Lush

[기업 콘택 진행 리스트]

---

7. <마음이음 연결음> 캠페인의 챌린지

업계의 반응을 토대로 아이디어 수정 후 한국GM과의 협업 기회 발견

상담원 이름 / 가족 직접 노출

- 단순히 '상담원에게 바른말을 써 주세요'라는 것보다 강력하고 임팩트 있는 메시지

- 기존 콜센터 관련 영상에 비해 가족이라는 솔루션을 제시한 아이디어로 상당한 파급력 예상

범용적 표현으로 간접 노출

- 상대적으로 적어진 파급력 및 임팩트, 하지만 실제 아이디어를 영상으로만 끝내지 않고 적용시켰다는 점이 새로운 임팩트로 연결 될 가능성 有

- 대부분의 바이럴 필름들이 그 순간을 위해 조작되거나 페이크로 진행되는데 실제 도입으로 아이디어의 효과측정이 가능하여 영상 진정성 확보 가능

1. **아이디어를 실제 적용하여** 기존과는 다른 임팩트 형성
2. **솔루션 적용을 통한** 아이디어 효과 검증 가능

8. <마음이음 연결음>의 적용

약 2주간의 개발을 마친 뒤 한국GM에 실제 <마음이음 연결음> 적용

<마음이음 연결음> 프로세스

안녕하십니까
한국GM고객센터입니다

쉐보레 한국GM 임팔라 알페온 전기차
긴급출동은 1번
SUB는 2번
상담사 연결은 3번을 눌러주십시오

고객 전화를 건다 | 상담원 연결 안내 멘트

더 나은 통화품질을 위해
고객님과의 통화내용이 녹취됩니다

1) 세상에서 제일 예쁜 우리 엄마가
상담드릴 예정입니다. 잠시만 기다려 주세요.

상담원 연결 직전 멘트

상담원 연결

Alt)
착하고 예쁜 우리 딸이 상담드릴 예정입니다. 잠시만 기다려 주세요
사랑하는 우리 아내가 상담드릴 예정입니다. 잠시만 기다려 주세요 .

※현재 한국GM 고객센터 적용 완료 (080-3000-5000)

---

8. <마음이음 연결음>의 적용

<마음이음 연결음>에 대한 상담원들의 적용 전/후 설문조사 실시

상담원 스트레스 고객의 친절한 한 마디 존중 받는 느낌 고객과 친밀해 대한 기대감
54.2% 감소   8.3% 증가   25% 증가   25% 증가

이 데이터는 마음이음 연결음 적용 5일간의 설문조사 결과입니다

[적용 5일간의 결과]

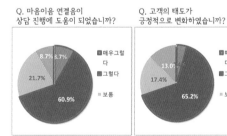

Q. 마음이음 연결음이
상담 진행에 도움이 되었습니까?

8.7% 3.7%
21.7%
60.9%

■매우그렇다
■그렇다
■보통

Q. 고객의 태도가
긍정적으로 변화하였습니까?

13.0%
17.4%
65.2%

■매우그렇다
■그렇다
■보통

[적용 30일간의 결과]

8. <마음이음 연결음>의 적용

상담원들의 솔루션에 대한 긍정적 평가, 콜센터 변화 모습을 담은 영상 촬영 진행

9. <마음이음 연결음> 캠페인의 확장

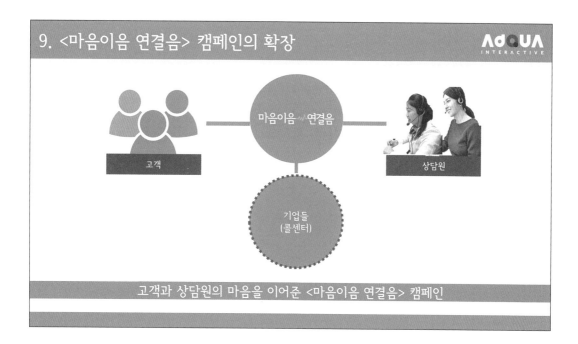

고객과 상담원의 마음을 이어준 <마음이음 연결음> 캠페인

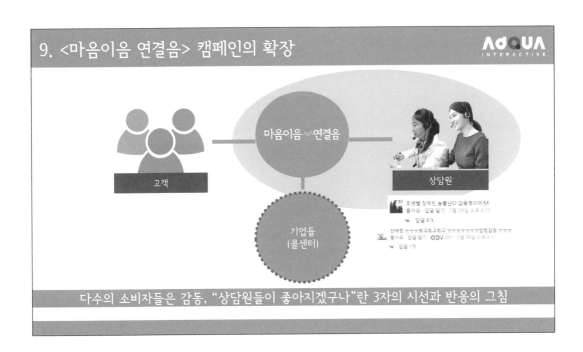

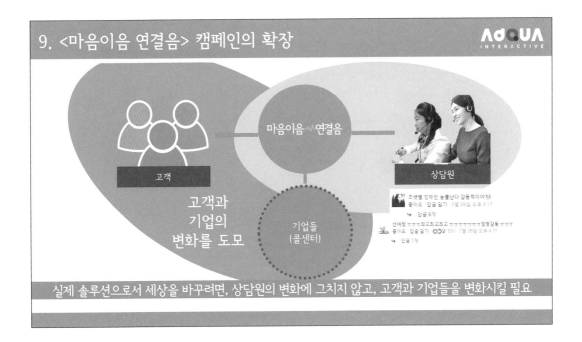

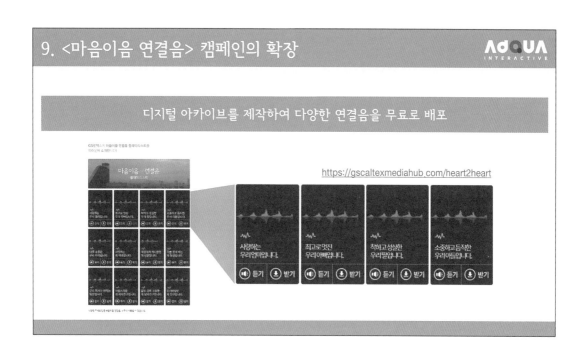

참고문헌

단행본

김민주. 2011. 『시장의 흐름이 보이는 경제법칙』. 고양: 위즈덤하우스.

덴츠 크로스미디어 개발 프로젝트 팀. 2009. 『크로스위치』. 파주: 나남.

복주환. 2017. 『생각정리스킬』. 서울: 천그루숲.

박신영. 2013. 『기획의 정석』, 박신영, 서울: 세종서적.

박준형. 2012. 『통합브랜드커뮤니케이션』. 파주: 이콘.

박홍윤. 2014. 『전략적기획론』. 서울: 대영문화사.

소현진, 이은선. 2016. 『행동설득전략』. 서울: 커뮤니케이션북스.

손영화. 2013. 『고객 심리학』. 서울: 커뮤니케이션북스.

신강균. 2017. 『뉴미디어 시대 광고기획론』. 서울: 한경사.

양윤직. 2010. 『디지털 시대의 광고 미디어 전략』. 서울: 커뮤니케이션북스.

유종숙. 2014. 『광고기획의 기술』 개정판. 서울: 커뮤니케이션북스.

유필화, 김용준, 한상만. 2012 『현대 마케팅론』 제8판. 서울: 박영사.

이강원, 손호웅. 2016. 『지형공간정보체계 용어사전』. 서울: 구미서관.

조용석. 2017. 『4차 산업혁명 마케팅 광고』. 서울: 한언.

조지 데이, 크리스틴 무어민(George S. Day and Christine Moorman). 2013. 『아웃사이드인 전략』. 김현정 옮김. 서울: 와이즈베리.

잡지, 기사, 보고서, 기타

강일용. 2015.9.23.. "나를 중심으로 이동하는 멀티미디어 - N스크린". ≪IT동아≫. http://it.donga.com/22464/

나스미디어. 2017.3.16.. ≪2017 NPR 요약보고서≫.

통계청. 2017.3.23.. ≪2016 한국의 사회지표≫.

이진재. 2016.9.5.. "에이전시 베타, 프로토타입 팀의 비밀". https://brunch.co.kr/@jinbread/8

정보통신정책연구원(KISDI). 2016.12.31.. ≪2016 한국미디어패널조사≫ .

≪디지털데일리≫. 2018.1.8. "[2018 인터넷검색 전망] 네이버·다음서 '유튜브' 찾아…Z세대발 지각변동 온다". http://www.ddaily.co.kr/news/article.html?no=164430

≪파이낸셜뉴스≫. 2017.9.7. "[유통업계 핫이슈 핫현쟁] 개점 1주년 스타필드 하남, 여가 중심 '쇼핑 놀이터' 자리매김". http://www.fnnews.com/news/201709071743091763

≪이뉴스투데이≫. 2017.07.21. "대한항공, '나의 스페인행 티켓'편 TV광고 온에어". http://www.enewstoday.co.kr/news/articleView.html?idxno=1089293

≪한국광고총연합회 광고정보센터 매거진≫. 2018.02.14. "[Special Issue 2] 광고시장 2017년 결산 및 2018년 전망". https://www.adic.or.kr/journal/column/show.do?ukey=511151&oid=@265008|3|4

한국방송광고진흥공사. 2017.12.28. ≪2017년 방송통신광고비 조사≫.

한국온라인광고협회. 2018.3.16. ≪2017 온라인광고 시장 분석 및 전망≫.

한국콘텐츠진흥원. 2017.6.1. "인간, 콘텐츠 그리고 4차 산업혁명 : 변화와 대응". ≪코카포커스≫ 17-03호.

DMC미디어. 2017.11.27. ≪2017 DMC 리포트 종합보고서≫.

DMC미디어. 2017.07.10. ≪2017 소셜미디어 이용 행태 및 광고 접촉 태도 분석 보고서≫.

≪Hakuhodo DY holdings≫. 2016.7.29. "Cannes Lions 2016 Vol. 4 Hakuhodo DY Group Makes Its Voice Heard at Cannes Seminars!". https://www.hakuhodody-holdings.co.jp/english/topics/2016/07/1023.html

Jason Inocencio. 2016.6.19. "Beta as the Hakuhodo Agency Way." ≪Adobo Magazine≫. http://adobomagazine.com/global-news/beta-hakuhodo-agency-way

We Are Social. 2017.1.24. ≪Digital In 2017≫.

ZenithOptimedia. 2016.9.12. ≪Zenith Advertising Executive Forecasts≫.

네이버 지식백과

김문기(디자인기획과전략, 커뮤니케이션북스). "마케팅 조사". http://terms.naver.com/entry.nhn?docId=2274816&cid=42266&categoryId=51098

두산백과. "칸국제광고제". http://terms.naver.com/entry.nhn?docId=1219808&cid=40942&categoryId=31766

전산용어사전편찬위원회(컴퓨터인터넷IT용어대사전, 일진사). "뉴미디어". http://terms.naver.com/entry.nhn?docId=830598&cid=42344&categoryId=42344

한국경제신문/한경닷컴(한경 경제용어사전). 2017. "넛지". https://terms.naver.com/entry.nhn?docId=2067064&cid=42107&categoryId=42107

한국경제신문/한경닷컴(한경 경제용어사전). 2006. "브랜디드 엔터테인먼트". http://terms.naver.com/entry.nhn?docId=2064244&cid=42107&categoryId=42107

한국정보통신기술협회(ICT 시사상식 2017). "스낵컬처". http://terms.naver.com/entry.nhn?docId=3586123&cid=59277&categoryId=59283

pmg 지식엔진연구소(시사상식사전, 박문각). "다보스포럼".
http://terms.naver.com/entry.nhn?docId=69340&cid=43667&categoryId=43667

인터넷 사이트

네이버
http://www.naver.com

두산백과
http://www.doopedia.co.kr

About Learning
http://aboutlearning.com

DIGIECO
http://www.digieco.co.kr/KTFront/index.action

TVCF
http://www.tvcf.co.kr

YouTube
https://www.youtube.com

※ 가나다, 자료 순 별

지은이 **유종숙**

현재 숙명여자대학교 홍보광고학과 교수로 사회과학대학 학장을 맡고 있다.

제8대 한국광고홍보학회 회장, 한국광고홍보학회 '광고연구' 편집위원장, 한국언론학회 연구이사·조직커뮤니케이션 분과 회장, 한국홍보학회 기획이사, 한국광고학회 이사, 숙명여대 취업경력개발원장·IPP 사업단장·평생교육원장·학생처장·홍보실장, 한국의료기기광고심의위원회 부위원장, 2012 한국광고대회 대한민국광고대상 집행위원장, 한국방송광고공사 공익광고협의회 위원, 대통령실 환경정책 자문위원, 중앙행정기관 정책홍보평가위원, 한국소상공인시장진흥공단 설립위원, 소방방재청 정책홍보 자문위원, 서울교통공사 광고심의위원, 환경부 중앙환경보전 자문위원, 국민건강보험관리공단 홍보자문위원, 국민권익위원회 홍보자문위원, (주)동방기획. BBDO동방 플래닝본부장·Creative Director·PR국장·기획국장/ 마케팅전략연구소 여성생활문화연구팀장(1989년~2001년), MBC애드컴 광고기획(AE) (1985년~1989년) 등을 역임했다.

저서로 『광고기획의 기술』, 『프레젠테이션 프로페셔널』, 『광고와 직업』 등이 있다.

한울아카데미 2107
KADPR 지식총서 2

4차 산업혁명 시대의 광고기획 솔루션

ⓒ 유종숙, 2018

지은이 유종숙 ∣ **기획 및 저술 지원** 한국광고홍보학회 ∣ **펴낸이** 김종수 ∣ **펴낸곳** 한울엠플러스(주)
초판 1쇄 발행 2018년 9월 1일 ∣ **초판 2쇄 발행** 2023년 10월 30일

주소 10881 경기도 파주시 광인사길 153 한울시소빌딩 3층 ∣ **전화** 031-955-0655 ∣ **팩스** 031-955-0656
홈페이지 www.hanulmplus.kr ∣ **등록** 제406-2015-000143호

Printed in Korea.
ISBN 978-89-460-7107-0 93320

* 이 도서는 메타커뮤니케이션즈의 후원을 받아 출판되었습니다.
* 책값은 겉표지에 표시되어 있습니다.
* 강의를 위한 PT자료가 준비되어 있습니다. 필요하신 분은 본사로 연락해주십시오.